엄마,
세상에서
가장
축복 받은
이름

엄마,
세상에서
가장
축복받은
이름

이 땅의 모든 초보 엄마들에게 들려주는 '좋은 엄마' 되는 법

에드비주 앙티에 지음
강현주 옮김

이끌리오

엄마가 된다는 것은

2003년 3월 5일 밤 10시, 스물 두 시간의 진통 끝에 사랑스런 우리 아기가 내 가슴 위에 올려졌다. 아직 탯줄도 잘려지지 않은 채로 내 가슴 위에서 세상으로 나아가기 위해서 힘겹게 첫 숨을 고르며 꿈틀거리고 있는 우리 아기……. 잠시 후에 남편이 열 달 동안 아기와 나를 이어주고 있던 탯줄을 자르고 간호사의 도움을 받으며 목욕을 시키기 시작하자, 아기는 그제서야 우렁찬 울음을 터뜨리기 시작하였다. 아기의 울음소리를 들으면서도 나는 이미 긴 진통으로 기운이 빠질 대로 빠져버린 탓인지 내가 속해 있는 상황이 너무도 비현실적으로만 느껴졌다. 그러면서 문득 내 머릿속에는 우리 아이가 정상으로 태어났을까 하는 의문이 생겼다. 다행히 모든 것이 정상이었다. 비로소 내가 어머니로 새롭게 태어나는 순간이었다.

사실 나는 어머니가 되는 첫 관문이 이렇게 힘든 것이라고는 짐작도 하지 못하였다. 어머니가 되어본 적이 없었던 내 눈에 세상의 모든 어머니들이 너무도 당연하고 자연스럽게 아이를 낳고 키워내는 것처럼 보였다. 그래서 나 역시 가뿐하게 그 절차를 거쳐나갈 수 있으리라는 막연한 자신감이 있었다. 하지만, 어머니가 되는 첫 관문부터 만만하지가 않았다. 진통을 하면서도 내 머릿속에는 이미 어머니가 된 모든 여자들이 너무도 위대하다는 생각밖에 없었다.

　산부인과 병원에서 사흘간의 시간을 보내고 아기를 집으로 데리고 온 후의 내 생활은 이 전과는 완전히 달라졌다. 아직 신생아인 우리 아기에게 기저귀를 갈아주고 젖을 물리는 일로 내 하루가 채워지고 있다. 한밤중에도 대여섯 번씩 깨어나 기저귀를 갈고 젖을 물려야 하지만, 내 달콤한 수면을 방해하는 이 작은 생명체가 전혀 원망스럽지 않다. 하지만 잠들어 있는 아기의 얼굴을 들여다보고 있노라면, 나와 내 남편에게 절대적으로 의존하고 있는 이 아기에 대한 설명할 수 없는 복합적인 감정으로 가슴이 먹먹해지곤 한다. 이 세상의 대부분의 다른 부모들은 이렇게 힘겹고 무거운 어머니 역할, 그리고 아버지 역할을 어쩌면 그렇게 아무렇지도 않게 잘 해낼 수가 있을까?

작년에 내가 곧 어머니가 될 것이라는 사실을 알게 된 후에, 나는 과연 내가 아이를 잘 키울 수 있을까? 아이가 태어나면 내 인생은 어떻게 변화될까? 내 일을 그만둬야 하는 건 아닐까? 차라리 나보다 더 노련한 할머니나 보모에게 아이를 맡기고 나는 내 일에 몰두하는 것이 아이나 나에게 더 나은 선택이 아닐까? 하지만 내가 매일 조금씩 커 가는 아이를 통해서 느낄 수 있는 행복감을 과연 포기할 수가 있을까? 등의 여러 가지 생각으로 머릿속이 복잡하였다. 내가 어머니가 된다는 사실이 너무도 기쁘고 흥분되는 일이긴 하였지만, 한편으로 불안하고 고민스러운 것도 사실이었다.

과연 내가 아이를 잘 키울 수 있을까? 이 책은 모든 여자들이 한 번쯤은 고민해 보았을 이 문제에 대한 분명한 해답을 전해 주고 있다. 당신의 모성 본능을 믿어라. 그러면 당신의 아이를 잘 키울 수 있을 것이다. 이러한 믿음을 가지고 저자는 어머니로서 살아가면서 경험할 수 있는 모든 문제들을 다양한 각도에서 다루고 있다. 임신한 여성이 느낄 수 있는 이중적인 감정들, 초보 어머니와 아버지가 출산을 통해서 경험할 수 있는 낯선 느낌들, 아이를 키우면서 부딪치게 되는 육아와 관련된 문제들. 저자가 이러한 문제들에 대한 현실적인 모든 해결책을 제시해 주고 있지는 않지만, 그러한 문제들을 모성 본능에 대한 믿음으로 모두 극복할 수 있으리라는 자신감을 심어주고 있다.

  사실 지금도 나는 배고파서 우는 아이의 울음과, 축축해진 기저
귀 때문에 우는 아이의 울음에 재빠르게 대처할 수 있을지, 수많은
조기 교육과 영재 교육 들 사이에서 내 아이에게 적합한 교육법을
찾아줄 수 있을지, 하루 종일 아이를 상대하면서 아이에게 지치지
않을 수 있을지 확신은 없다. 다만 이 책을 번역하면서, 나 역시 어
머니로서의 역할을 잘 수행해낼 수 있으리라는 자신감과 믿음을 가
질 수 있게 되었다. 나의 모성 본능 역시 나와 내 아이를 위한 최선
의 길로 우리를 이끌어줄 테니 말이다.

2003년 4월

강현주

차 례

1

모든 어머니는
존중받아야 한다

모성 본능은 대체로 자식에게
가장 이로운 행동이 무엇인지를 어머니에게 알려줍니다.
하지만 이러한 모성 본능은 부모 세대나
주위 사람들로부터 방해받을 수 있습니다.
어머니를 중심으로 어떤 악순환이 되풀이되고 있지는 않은지
주의 깊게 감시해야 합니다.

평화는 요람 위에서부터 이루어져야 하니까요.

모든 어머니는 존중받아야 한다

"임신하셨습니다!" 이 말을 들으면 당신은 감격스럽고 행복할 겁니다. 익숙한 분위기의 욕실에서 당신은 임신 테스트기의 조그만 창이 장밋빛으로 물드는 것을 보았습니다. 이 사실을 당장 남편에게 알리려 하다가 두려움과 당혹감으로 잠시 머뭇거릴지도 모르겠군요. 당신은 아이를 가진 겁니다. 임신 테스트기의 장밋빛 선이 말해 주듯이, 당신의 몸 속에는 인간의 작은 밑그림인 태아가 생겼습니다. 태아에는 이미 모든 것이 기록되어 있습니다. 태아의 유전자는 어떤 건축가도,

어떤 컴퓨터도 만들어낼 수 없는 가장 경이로운 작품을 만들어 낼 겁니다. 누구도 모방할 수 없는, 세상에 단 하나뿐인 아이……. 이제 그 아이는 당신의 아이가 되는 겁니다. 당신은 그 아이를 소중하게 보살피고 키우게 되겠지요. 이 각박한 세상에서 그 아이는 당신과 당신 배우자의 생명의 연속이 될 것입니다. 당신은 펄쩍 뛰고 싶은 심정일 겁니다. "여보! 나 임신했어요! 우리에게 아이가 생겼다고요!" 그날은 영광스러운 당신의 날입니다.

여보! 나, 임신했어요!

앞으로 아홉 달 동안 당신은 크나큰 관심 속에서 따뜻한 보살 핌을 받고, 초음파 검사 등의 진찰과 여러 가지 주의를 받을 겁 니다. 당신은 마치 여왕벌이 벌집을 고르듯이 산부인과를 선택 할 겁니다. 그리고 전문의들이 당신의 배를 들여다보고 혈액 검 사를 하면서 당신의 미래 아기가 잘 자라고 있는지 확인하려고 들겠지요.

하지만 당신이 어머니가 되고 나면, 사회는 절대 권력을 쥐고 있다고 여겨지는 어머니라는 역할에 대해 이중적인 태도를 드러 내기 시작합니다. 잘못 정리된 심리학적 개념들은 어머니에게 온갖 맹렬한 비판을 퍼부어댑니다. 사람들이 아무리 당신에게 "죄책감을 갖지 마시오!"라고 말하고, 육아 잡지에 '엄마, 이제 죄책감은 그만!', '어머니들을 죄책감에서 구해내라!' 같은 제목의 기사가 실린다 해도, 당신은 당신 아이에게 수만 가지 악습을 반복할 것이고, 그래서 이런 비난들을 받게 될 것입니다.

- 여자들은 경막외 마취법(척추에 주사를 놓아 척추 신경을 마비시킴으로써 통증이 오는 길목을 차단하는 방법—옮긴이)으로 출산을 원하고 있다. 하지만……

- 뭐라구요! 모유 수유를 하지 않는다구요?

- (아니면 그 반대로) 아이가 6개월인데 아직까지 젖을 먹인다구요? 너무 극성스러우시네!

- 아기가 울 때마다 안아 준다구요? 보나마나 당신의 아기는 응석받이가 되겠네요.

- 울고 싶다구요? 이렇게 예쁜 아기를 곁에 두고 말이에요?

- 아이가 음식을 뱉어낸다구요? 그건 당신이 아이의 어리광을 함부로 받아 줬다는 뜻이에요.

- 벌써 당신의 일을 다시 시작했다구요? 아이가 너무 어리지 않나요? 아이가 불행해지지 않았으면 좋겠군요.

- 아이를 관리실에 맡겼다구요? 전문가들은 이렇게 말하죠. "아이

도 인격체입니다."

• 파트타임으로 일하고 싶다구요? 하지만 하루 종일 직장에서 일하든지, 어머니로서 아이를 키우든지 둘 중 하나를 택해야 할걸요.

• 아이를 탁아소에 보내지 않는다구요? 아이에게 자율성을 키워 줘야 한다고 생각하지 않으세요?

• 아이 아버지가 화를 냈다구요? 하지만 아이 아버지가 자신의 역할을 수행할 수 있도록 내버려둘 필요가 있어요.

• 당신이 아이의 숙제를 도와 준다구요? 아이에게 자신의 일을 스스로 해결하는 법을 가르쳐야죠.

• 직장에서 늦게 퇴근한다구요? 아이의 성적이 왜 떨어졌는지 물어볼 필요도 없겠군요.

• 아이 아버지와 헤어질 생각이라구요? 도대체 아이 생각은 하는 거예요?

• 아이에게 동생이 생길 거라구요? 저런 불쌍할 데가!

• 아이가 예의가 없다구요? 분명히 아버지와 많은 시간을 함께 보내지 못해서일 거예요.

우리의 부모 세대가 받았던 비난들입니다. 당신의 어머니 역시 당신을 방치하거나 지나치게 간섭한다는 이유로 죄책감을 느꼈을지도 모르지요. 하지만 보통 사람이라면 어머니에게 아주 약간 냉담할 수는 있을지언정 화를 내지는 못합니다. 우리는 어머니를 욕할 수 없습니다. 어머니는 우리 무의식 속에 어머니로서 깊이 자리잡고 있으니까요. 당신도 이미 알고 있겠지만, 어머니는 늘 죄책감을 느끼고 있습니다. 어머니의 어머니 역시 마찬가지였을 겁니다.

아이가 처음으로 당신의 젖을 빤 순간부터 어버이날에 당신의 목에 종이 목걸이를 걸어 주는 순간까지, 고아 밤비를 보고 눈물을 터뜨린 순간부터 "엄마, 왜?"라며 끊임없이 질문을 퍼부어대는 순간까지, 당신은 이 세상에서 당신이 그 아이의 유일한 기준이 되어버린 듯한 기분을 종종 느낄 겁니다. 그리고 어머니가 된다는 것은 인간이 느낄 수 있는 가장 경이로운 모험이라고 말해주는 듯한 작은 음악 소리가 당신의 내면에서 울려 퍼지는 듯한 기분도 느낄 겁니다. 사실 어머니를 대신하거나 지원해 주는 제도가 너무도 미흡한 상황 때문에 어머니가 곤란해지기도 하지요. 이제 더 이상 당신의 사랑스러운 장난꾸러기의 방해를 받지 않고 친구와 대화를 나눌 수 없습니다. 사랑하는 사람과 단둘이 외식하러 나가기도 힘들어질 겁니다.(절대적으로 당신에게 의존하는 존재가 집에서 안절부절못하며 당신을 기다리고 있는데 밖에서 시간을 보낼 수 있을까요?) 아이의 아버지 역시 자신의 새로운 역할을 찾으려고 애쓰겠지요.

우리 사회는 아이가 태어나서 어른의 세상 속으로 들어갈 나이가 될 때까지 아이에게 쏟아붓는 어머니의 열정을 지나치게 비난하는 경향이 있습니다. 만일 우리 사회가 계속해서 이런 식으로 모성 본능의 균형을 깨뜨리려 한다면, 아동 학대를 부추기는 결과를 초래할 수도 있습니다. 과연 이런 사회의 미래는 어떻게 될까요?

어머니의 역할이 중요하다는 사실을 인정한다고 해서 어머니의 위엄이나 안정감을 보장해 줄 수 있는 어머니의 직장 생활, 육아 방식, 혹은 아버지의 역할이 위협받지는 않을 것입니다. 오히려 모성 본능을 존중하고 아이를 잘 키울 수 있도록 어머니를 돕기 위해서, 그러한 요소들이 퍼즐의 조각들처럼 어떻게 서로 맞물려 있는지 살펴보게 되겠지요.

이제 어머니들에 대한 대량 학살을 멈추어야 합니다. 아기들에 대한 대량 학살을 멈추었듯이 말입니다. 영국의 위대한 소아과 의사이자 정신분석학자인 도널드 위니캇(Donald Winnicott)은 다음과 같이 경고합니다. "혼자서 살아가는 아기(말하자면, 어머니 없이 살아갈 수 있는 아기)는 절대로 존재할 수 없다." 따라서 나의 새로운 목표는 바로 모성 예찬입니다. 이제는 어머니들을 예찬할 때입니다. 어머니, 당신은 당신의 아이에게는 숭고하고 유일하며 없어서는 안 될 은혜로운 존재입니다.

어머니는 비난받아야 한다?

현대 어머니들을 가장 가슴 아프게 한 것은 분명 1980년에 엘리자베트 바댕테(Elisabeth Badinter)가 발표한 《덤으로 받는 사랑(L'Amour en plus)》이라는 책일 겁니다. 이 책은 어머니라면 누구나 자식에 대한 애정 어린 본능을 가지고 있다는 것을 부정하였습니다. 이 영리한 역사학자는 모성애란 불확실한 감정이며, 단지 시대나 풍습, 주위 환경에 따라 변할 수 있는 사회적 행동일 뿐이라는 가설을 입증하는 데에 온 열정을 바쳤습니다. 그의 주장에 따르면, 모성애가, 남성과 동등하기를 원하는 여성의 사회적 성장을 제한한다는 겁니다. 그리고 어머니가 임신과 양육에 영원히 갇혀서 남성들이 차지하고 있는 사회적 지위에 접근하기가 힘들다는 겁니다. 하지만 다행스럽게도 그렇다고 해서 여성들이 자식을 사랑하지 않거나 출산을 경험하지 않는 것은 아닙니다. 아무리 사회 전체가 여성들에게 온갖 고통과 죄책감을 지우더라도 말입니다. 어머니가 되는 것은 거의 모든 여자들이 살아가면서 겪는, 단순한 인생의 한 단계가 아닙니다. 그것은 오늘날에도 대부분의 여자들이 여전히 경험하고 싶어하는 엄청난 변화인 것입니다.

어머니는 항상 두 얼굴, 참된 어머니의 얼굴과 동화 속 계모의 얼굴을 가지고 있습니다. 그런데 문제는 오늘날엔 참된 어머니의 얼굴보다 나쁜 얼굴에 시선이 더욱 많이 가 있다는 것입니다. 인생에서 힘든 시기를 맞았기에, 혹은 부부간의 어떤 문제 때문에 특히 상처받기 쉬운 상태에 놓여 있는 어머니들도 있습니다. 따라서 우리가 지금까지 그래왔던 것처럼 어머니들에게 죄책감을 안겨 주는 대신에, 아이들에게 해로운 것을 찾아내어 그것을 해결하고자 노력하는 것이 더 낫지 않을까요? 이를 위해 우선은 모성 본능이 존재하지 않는다는 주장의 근거가 되는 이른바 '나쁜 어머니들'의 모습을 다시 검토해보고자 합니다. 그리하여 식욕 부진 현상이 식욕은 본능이 아니라는 전제를 증명해 주지 못하듯이, 잘못이 있는 어머니들의 모습이 모성 본능의 존재를 부정하지는 못한다는 사실을 밝히고자 합니다.

가장 시급한 일은 어머니들에게 잘못이 있다는 생각을 버리는 것입니다. 어머니의 역할, 특히 어머니의 감성을 문제삼으면 우리 사회에 심각한 손해를 입힐 수 있습니다. 어머니가 행여 잘못이라도 할까 봐 떨면서, 내가 아이를 너무 많이 안아 주는 것은 아닌지, 아이를 너무 자주 얼러 주는 것은 아닌지, 아이에게 너무 자주 젖을 물리는 것은 아닌지 불안해하고 있다는 것을 느낀다면, 아이 역시 몹시 불안해지겠지요. 그리고 아이가 칭얼거릴 때마다 어머니가 자신에게 무언가 잘못이 있는 듯 아이 아버지가 나서서 권위를 보여 줘야 한다고 생각한다면, 결국 아이의 투정만 더 늘어날 겁니다. 또한 하루 종일 직장에서 일하고 집으로 돌아온 어머니가 아이가 원하는 시간에 함께 있어줄 수 없을까 봐 불안해한다면, 너무도 어린 아이는 어머니가 이미 피곤하고 지쳐 있어서 자신과 함께 놀거나 이야기를 나눌 수 없을 것이라고 느끼게 됩니다. 그래서 서로간의 상호작용이 더욱 힘들어지게 되지요.

아이들은 어머니가 자기에게 관심이 없다고 느낄 때, 게다가 '텔레비전은 아이에게 해로운 것'이라는 이유로 텔레비전을 볼 권리마저 박탈당했다고 느낄 때부터 어머니에게 더 까다롭게 굴고 더 많은 것을 요구하기 시작합니다. 그리고 어머니로서의 삶과 사회인으로서의 삶을 균형 있게 꾸려 나가지 못하는 어머니는 남편과 갈등을 느끼게 되고, 결국 이혼에까지 이를 수도 있습니다. 이런 상황이 되면 아이가 어머니에게 원하는 것은 더더욱 많아지게 마련입니다.

밤이 되어서 아이가 이미 이불 속에 들어가 있는데도, 너무도 지친 어머니는 아이가 방으로 들어간 것조차 모르게 되지요. 그리고 아이는 문득 '아빠는 어디에 있을까?'라는 의문을 품기 시작합니다. 그리고 아버지가 종종 주장해 왔듯이, 어머니가 아버지의 자리를 남겨두지 않은 것은 아닌지 의심스러워지기 시작합니다. 그리하여 아이가 사춘기가 되면, 어머니가 무슨 말만 꺼내면 눈을 치켜 뜨고 어머니의 가슴을 아프게 할 말만 마구 쏟아붓게 되는 것입니다. 어머니들은 아이가 태어나는 순간부터 바로 이런 시나리오를 경고받지 않나요? 우리 문화에서는 어머니가 늘 잘못했고, 그래서 아이가 버릇없이 자란다고 합니다.

지금쯤이면 이런 의문이 들 겁니다. "그렇다면 이 지경에 이르도록 아버지는 도대체 무엇을 하고 있었단 말인가?" 물론 나는 아버지의 역할에 대해서도 이야기할 것입니다. 그 역시 중요한 부분이니까요. 그렇다면 아버지의 역할이란, 사람들이 바라는 것처럼, 아이의 기저귀를 갈아 주고 우유를 먹이고 얼러 주는 또 다른 어머니가 되어 주는 것일까요? 그보다는 오히려 어머니의 동반자로서 어머니를 격려하고 지지하는 편이 더 낫지 않을까요? 나중에도 말하겠지만, 현재 떠도는 담론의 가장 큰 문제는 아버지가 아이의 성장에 가장 중요한 역할을 하는 어머니를 꾸준히 지지해 주는 후원자보다는 '제2의 어머니'가 되어 주기를 기대한다는 것입니다.

'나쁜' 어머니들

전업 주부를 선택한 어머니들은 사회적인 무시를 당하곤 합니다. 대부분의 전업 주부들은 "아무것도 하지 않는다"는 조롱을 받지요. "사람들은 가끔 나에게 무슨 일을 하냐고 묻죠. 내가 '아이를 키우고 있어요'라고 대답하면, 나를 아마 소극적인 미 개인으로 생각할 거예요." 최근에 만난 한 전업 주부가 한 말입니다. 대부분의 젊은 여자들은 아이를 키우려고 직장을 그만두면서 심각한 정체성의 위기를 경험합니다.

생후 3개월 이상 된 아이들을 집단 양육하는 것이 아이들의 성장에 바람직하다는 주장에 대해서는 사회 전반적으로 꽤 우호적인 분위기입니다. 심지어 아이를 어머니가 직접 키워야 한다고 주장하는 사람들이 '여성 차별주의자'로 낙인 찍힐 정도니까요. 하지만 중요한 것은 아이와 함께 보내는 시간의 양이 아니라 시간의 '질'입니다. 아이와 눈을 맞추고 15분을 함께 보내는 것이, 어머니가 다른 일을 하면서 아이와 한 집에서 1시간을 함께 보내는 것보다 낫다는 뜻입니다. 그런데 어머니가 가능한 시간에 갓난아이 역시 어머니와 교감할 정신적인 준비가 되어 있는지는 어떻게 확신할 수 있을까요?

초보 엄마들이 늘 강조하듯이, 어머니가 직장에서 돌아온다 해도 아이들과 함께할 수 있는 시간은 매우 제한되어 있으며, 어머니가 아이들과 함께 놀아 주고 이야기를 나눌 수 있을 만큼 기운이 남아 있으리라는 보장도 없습니다. 그러므로 직장에서 일하는 대신 아이의 기저귀를 갈아 주면서 우울해하고 외로워하고 힘들어하는 어머니를 두고, 아이를 돌보기에 적합한 사람이 아니라고 속단해도 좋은가 하는 것은 다시 한번 생각해 볼 문제입니다. 모성 본능을 부인하거나 어머니를 대신할 수 있는 시설의 필요성을 주장하느니, 어머니가 무력감이나 죄책감을 느끼지 않고 충분히 보호받을 수 있는 환경을 만들어 주어야 합니다.

비정상적인 어머니들

병적이라 할 정도로 지나친 모성애적 태도 때문에 고통받는 아이들도 있습니다. 아이를 보살피는 데서 만족을 얻고자 하는 몇몇 어머니는 아이에게 심한 영향력을 행사하려 합니다. 이러한 어머니의 아이들은 대체로 허약하며, 다른 사람과의 대화를 몹시 두려워합니다. 심지어 그 불안감이 체질적인 문제로까지 악화되어, 끊임없이 병원을 들락거리거나 불필요한 입원을 하거나, 학교에 결석하는 지경에까지 이르지요. 하지만 이는 매우 드문 상황입니다. 그런데 이러한 상황을 '모든 어머니는 어느 정도 모성애적인 광기를 가지고 있다'고 일반화해버리고 이러한 광기를 불가피한 것으로 간주한다면, 어머니의 숭고한 기능마저 웃음거리로 전락시켜버리는 결과를 낳을 수 있습니다.

그보다는 자식을 잘 키우지 못하는 자격 없는 어머니들이 왜 생기는지, 모성 본능의 실패자가 왜 존재하는지에 대해서 알아보아야 합니다. 말하자면 이런 문제가 되겠지요. 어머니와 자식 사이를 방해하는 것은 무엇일까? 그것은 대체로 어머니 자신의 문제, 즉 어머니 자신의 부모와의 관계와 관련이 있습니다. 어머니 자신이 부모와 겪었던 문제는 대개 아이를 낳으면 다시 나타나게 됩니다. 어머니의 가족 혹은 부모 세대와의 관계는 아이 아버지와의 관계만큼이나 매우 중요한 요소입니다.

임신 기간에 배우자에게 버림받은 어머니의 모습을 상상해 보십시오. 그러한 어머니가 자신의 어머니나 사회로부터 도움을 받지 못한다면, 출산 후 자신의 모성 본능에 따라 자연스럽게 행동하기가 힘들어지겠지요. 그러한 어머니는 비정상적인 어머니가 될 위험이 큽니다. 따라서 모든 어머니가 광기를 가지고 있는지는 중요한 문제가 아닙니다. 모성 본능은 대체로 자식에게 가장 이로운 행동이 무엇인지를 어머니에게 알려줍니다. 하지만 이러한 모성 본능은 부모 세대나 주위 사람들로부터 방해받을 수 있습니다. 전문가나 가족 구성원들은 어머니를 중심으로 어떤 악순환이 되풀이되고 있지는 않은지 주의 깊게 감시해야 합니다. 평화는 요람 위에서부터 이루어져야 하니까요.

이혼한 어머니들

이혼한 부부 중에서 75퍼센트가 아내가 이혼을 청구합니다. 우리는 이혼이 자녀의 삶을 얼마나 뒤흔들어놓는지 잘 알고 있습니다. 그렇다고 해서 이혼한 어머니들이 자식에 대한 사랑보다 자신의 감정적인 삶이나 심지어는 성적인 삶을 우선한다고 섣불리 결론 지으면 안 됩니다. 우리는 여자들이 너무 자주 이혼을 요구한다고 한탄하면서도, 여자들이 아이의 양육권을 달라고 요구하면 권력을 남용하려 든다고 비난합니다. 아이의 아버지가 정신적으로 비정상이거나 폭력을 행사해서 어머니가 법의 도움을 호소했는데도, 교활한 조작자로 의심받는 일이 생기기도 합니다.

어머니가 이혼을 요구하고, 경찰의 다양한 심문 절차를 통해서 그 남편의 폭력성이 입증됩니다. 그런데 가정 법원은 그 남편이 격주로 아이를 만날 수 있도록 허용합니다. 그리고 우리는 험상궂은 아버지 옆에서 괴로운 표정으로 앉아 있는 아이의 모습을 목격하게 됩니다. 이런 경우가 발생하지 않도록 어머니의 걱정은 더 많이 참작되어야 합니다.

병원 진료실에서 사람들이 나에게 비밀스럽게 하는 이야기들을 듣다 보면, 많은 부부의 이혼이 너무도 반복적인 방식으로 진행되고 있음을 느낍니다. 그래서 나는 몇몇 부부를 상담하면서 이런 말까지 하기에 이르렀습니다. "이미 예고된 이혼이었군요."

애처로운 젊은 부부가 그토록 기다리던 아이를 세상에 탄생시킵니다. 출산에 참여한 아버지의 감정은 절정에 다다릅니다. 초보 아빠는 열심히 육아에 동참하여 기저귀 갈아주기와 트림시키기의 전문가가 됩니다. 그리고 밤마다 일어나서 아이에게 우유를 주는 등 자신의 역할을 충실히 이행합니다. 하지만 초보 아빠가 직장에 가야 하는 시간이 되면, 출산 휴가를 받은 아이 어머니는 혼자 집에 남게 되지요.

아이는 부부가 둘만의 친밀함을 필요로 하는 시간에도 울어댑니다. 그러다가 다시 일을 시작한 어머니는 상대적으로 믿음이 가는 유모의 집이나 탁아소를 오가면서 아이에게 더욱 깐깐하게 굴게 되겠지요. 이 일 저 일에 치여서 점점 더 피곤해지면 아이 어머니는 남편에게 사랑을 느낄 여유조차 없어집니다. 부모의 품이 더욱 그리워진 아이는 어머니의 품에 안겨서만 잠들려 하고, 하룻밤에도 네 번씩 깨어나서 부부 사이를 파고듭니다. 아이 아버지 역시 회사에서의 책임이 더욱 무거워지고, 갓난아이의 투정과 목욕 시간이 모두 끝났기를 기대하면서 점점 더 늦게 귀가합니다. 가족들과 함께하는 주말 시간은 고역이 되지요.

아이의 어머니는 점점 더 여위어가고, 창백해지고, 옷을 차려 입거나 화장할 의욕도 잃고 맙니다. 이제 아내이기보다는 어머니가 되어가는 것입니다. 아이 어머니는 이 문제에 대해서 심각하게 생각해 봅니다. 시간이 지날수록 모든 일은 제자리를 찾아가게 마련이죠. 하지만 직장에 다니는 어머니들은 저녁에 집으로 돌아오면 자신의 아이에게 더 집중해 사랑과 교감을 나누어야 하기 때문에, 정작 자신에게 허락된 여유로운 순간을 즐길 수가 없습니다. 그리고 사정은 더욱 복잡해집니다.

외동 아이로는 가족을 구성하기에 부족하다고 여겨서, 사람들은 대부분 첫째아이가 외로움을 느끼지 않게 하려고 둘째아이를 생각합니다. 여러 통계 자료를 통해서 알 수 있듯이, 가족이 커질수록 가족에 대한 아버지의 열정은 둔해지고 사회적인 경력은 더욱 빛을 보는 반면, 어머니의 사회적인 경력은 얼굴 위 주름살에 그대로 나타납니다.

아이 어머니는 그럭저럭 생활을 꾸려 나가지만, 집에 돌아오면 서로 자신의 관심을 끌려고 다투는 아이들에게 시달립니다. 그리고 아버지는 마치 자신이 탁아소의 감독관이 되어버린 듯한 기분을 느낍니다. 그래서 그 상황에서 달아나고 싶어 컴퓨터나 노트북 앞에서 시간을 보내지요. 머지않아 아이 어머니는 남편의 노트북이 자신의 라이벌로부터 온 이메일로 가득 차 있는 것을 발견하게 됩니다. 아버지가 거의 함께 있어 주지 않았기에 아이들이 아버지의 존재를 그다지 간절하게 원하지 않을 것이라고 생각한, 지칠 대로 지쳐버린 어머니는 이혼을 요구합니다. 하지만 전쟁은 이제부터 시작이죠.

그제서야 아이 아버지는 아이들과 보낸 시간이 자신에게 얼마나 소중했는지 깨닫습니다. 그리고 아내의 이혼 요구를 거절합니다. 비록 법원에서 조정해 준 아이들과 만날 수 있는 시간이 예전에 아이들과 함께하던 시간보다 길다 하더라도 말입니다. 그러다가 새로운 동거녀가 생기면 이혼을 요구하고 아이들은 고통받습니다. 수천 번도 더 마주치는 이러한 시나리오를 보고도, 이혼한 어머니들을 나쁜 어머니라 욕해도 될까요? 아니면 아이들이 태어날 때부터 이별을 예정하고 있는 이 사회 구조의 희생자라고 해야 할까요?

이혼이라는 상황이 여자에게 결코 만만한 것이 아니라는 사실 또한 간과할 수 없습니다. 프랑스의 홀로 된 어머니 10명 중 3명이 가난하게 살고 있습니다. 이혼한 어머니의 사회경제적인 상황은 아버지가 자녀의 양육비를 지불하려 하지 않을 때 더욱 악화되게 마련입니다.

통계 자료에 따르면, 1985년에 이혼한 아버지의 3분의 1 이상이 양육비 지불 의무를 이행하지 않았습니다. 다른 한편으로 이 통계는 아이와 어머니의 관계가 더 편하고, 더 자발적이고, 더 자연스럽다는 사실을 아버지들 자신이 인정하고 있음을 보여 주기도 합니다. 이혼한 아버지 중 3분의 2 이상이 아이들이 어머니 집에서 자라는 것이 더 낫다고 인정했고, 단지 16퍼센트만이 아이들을 직접 키우고 싶어했습니다. 물론 아이들을 어머니 곁에서 자라게 하려는 아버지 중에는 책임을 회피하려는 속셈이 있는 사람도 있겠지요. 하지만 절반 정도가 양육비 지불 의무를 이행하고 있으니, 자식들이 어머니와 함께 사는 것이 더 행복하리라는 믿음 때문일 것입니다.

이러한 사실들을 통해서 우리는 좀더 나중에 다룰 문제를 생각해 보게 됩니다. 아버지를 아이 교육에 참여시키려면, 아버지가 아이에게 시간을 할애하지 않는다고 비난하기보다는 기쁘게 아버지의 길을 찾을 수 있도록 도와주어야 합니다.

어머니이기를 거부하는 여자들

모든 어머니에게 잘못이 있다는 주장에 가장 결정적인 단서를 제공해 주는 최악의 어머니는 바로 아이를 갖지 않으려 하는 여자일 것입니다!

어떤 여자가 아이를 갖고 싶지 않으며 지금으로도 매우 행복하다고 말하면, 사람들은 의심의 눈초리로 그녀를 쳐다봅니다.

상식에 맞지 않으니까요. 그리고 모든 여자들이 느끼는 것, 바로 아이를 낳고 싶은 욕구를 느끼지 않는다고 말하고 있기에 그녀를 냉정한 여자로 볼 것입니다. 꽤 많은 40대 여자들이 그러한 비난을 경험했다고 말합니다.

나는 아이를 낳은 적이 없는 쉰 살의 한 여자를 최근에 만난 적이 있습니다. 그녀는 이런 이야기를 조용히 털어놓았습니다. "내 친구들이 장성한 자식들 때문에 많은 것을 참아야 하는 모습을 지켜보면서, 나는 아이가 없다는 사실에 매우 안도하곤 합니다. 40대 무렵에 나는 약간 후회도 했지만, 지금은 아주 홀가분한 기분입니다!" 요즘 여자들이 왜 아이를 가지고 싶어하지 않는지 잘 보여 주는 말입니다. 사실 요즘 사회 분위기에서 여자들이 아이에 대한 자신의 욕구를 있는 그대로 받아들이기란 무척 힘든 일입니다.

우리가 계속해서 어머니들에게 지나치게 심리적인 부담감을 안겨 준다면, 여자들로 하여금 아이를 갖고 싶지 않은 욕구를 불러일으킬 수도 있습니다. 일하는 어머니와 그 자녀를 위한 다양한 사회 복지 정책이 실시되고 있음에도 출산율이 낮은 현상이 바로 그 증거입니다. 따라서 오직 자신만을 위해서 아이를 원하거나, 혹은 순전히 이기심 때문에 아이를 원하지 않는다는 이유로 여자들을 비난하는 것은 부당한 일입니다. 우선 그녀들의 생각을 존중해주어야 하는 것이지요.

사랑스러운 아기 곁에서 우울해하는 어머니들

"11호실로 가보세요. 산모가 울기만 하고, 아기에게 젖을 물리려 하지 않아요." 너무도 사랑스러운 아기를 곁에 두고서 울고만 있는 산모 앞에서 어찌할 바를 모르며 간호사들이 자주 하는 말입니다. 이런 경우의 젊은 산모들은 아기를 씻겨 주려고도 하지 않으며, 젖을 물릴 생각도 하지 않습니다.

산후 우울증은 이제 아주 잘 알려져 있습니다. 출산한 전체 산모의 80퍼센트가 산후 우울증을 경험한다고 합니다. 산후 우울증이 분만 후의 과도한 호르몬 탓이라는 사실이 밝혀지면서, 산모들은 또다시 비난당하는 것을 피할 수 있었습니다. 하지만 임신 기간이나 출산 순간에 여자들에게 요구되는 부단한 창조의 노력에 대해서도 생각해 보아야 합니다. 수많은 예술가들이 하나의 작품을 완성한 후에 일종의 우울증을 경험한다고 하지요. 그런데 하물며 새로운 생명을 탄생시키고서 이제 막 어머니가 된, 너무도 연약해 보이는 한 존재에 대해 막중한 책임을 떠맡은 한 여자가 느낄 감정은 어떨까요. 그것은 아마 금방이라도 눈물의 샘으로 바뀔 수 있는 혼란스럽고도 기쁨이 넘치는 복합적인 감정일 것입니다.

따라서 이러한 감정을 진짜 우울증과 혼동해서는 안 됩니다. 일단 산모가 출산 후 집으로 돌아가서 혼자 남게 되면, 10명 중에 1명이 우울증을 경험한다는 사실에 주의를 기울여야 합니다. 당신이 사춘기 시절에 당신의 어머니를 거칠게 비난한 적이 있다면, 당신의 친구를 비난한 적이 있다면, 직장 생활과 가정 생활 사이에서 갈등을 느낀 적이 있다면, 활동적이고 날씬하고 처녀다운 여성의 이미지를 더 높이 평가하고 있다면, 당신은 예전의 외모를 회복하기까지 엄청난 시간이 걸릴 당신의 육체 앞에서 당혹감을 느끼게 되겠지요. 결코 멈추지 않을 것처럼 울어대는 갓난아이 앞에서, 되살아나지 않는 성욕 앞에서, 자신의 새로운 위치에 당황해하는 아이 아버지 앞에서 당신은 혼란에 빠지겠지요.

그래서 이 시기에는 당신의 힘들었던 어린 시절이나 어머니와의 힘든 관계가 모두 되살아납니다. 게다가 각자의 일로 바쁜 친구들과의 관계도 끊어지고, 주위의 간섭 때문에 자신의 어머니와도 소원해진 채 혼자 집 안에 갇혀 지내는 광경까지 추가된다면, 그 초보 엄마가 느낄 고독감을 짐작할 수 있을 것입니다. 그래서 초보 엄마는 소아과 의사에게 갓난아기의 끊임없는 울음에 대해서 수천 가지 질문을 퍼붓습니다. 아기가 배가 아픈 것일 수도 있고, 가스가 찬 것일 수도 있고, 변비일 수도 있고, 아니면 아무것도 아닐 수도 있는데 말입니다.

이 모든 상황들을 통해 대부분의 초보 엄마가 병적인 상태에 있는 것이 아니라, 단지 혼란스럽고 외로울 뿐이라는 사실을 알 수 있습니다. 따라서 겉으로 보기에 사랑스러운 아기와 자상한 남편으로 모든 것이 충족된 듯 보이는 어머니의 눈물이 모성애가 부족한 여자의 쓸데없는 투정이 아니라는 것입니다.

과민한 어머니들

"당신은 너무 과민해!" 애정 깊은 모든 어머니들이 가장 자주 듣는 비난일 것입니다. 나는 모든 어머니들이 본연의 모습대로 행동하면 꼭 과민하다는 비난을 받는다는 사실에 화가 납니다.

- 당신은 '아기 저장실에 신생아를 저장하는'(한 아버지의 표현에 따르자면) 전통이 있는 산부인과에서 아기를 밤새 당신 곁에 두었다구요? 지나치게 과민하신 거 아닌가요.
- 아기가 원할 때마다 아기에게 젖을 물리고 품에 안아서 재운다구요? 소아과 의사들은 당신이 '끔찍하게 과민한' 어머니라고 경고할

거예요.

• 3개월 된 당신의 아기를 탁아소에 맡기면서 눈물을 흘렸다구요? 사람들이 보면 '지나치게 과민하게 행동하지 않도록' 주의를 기울이라고 말할걸요.

• 단지 아이와 함께 있고 싶다는 이유만으로 15개월 된 아이를 놀이방에 보내지 않는다구요? 아이의 자율성을 키워 줘야 한다고 생각하지 않나요?

• 12개월 된 당신의 딸아이와 길을 갈 때, 딸아이에게 자동차 배기구의 매연을 맡게 하는 것보다 서로 눈을 맞추고 대화를 나누는 것이 낫다고 생각하기 때문에 아직도 딸아이를 안고 다닌다구요? 아이에게 스스로 걷는 법을 가르쳐야 하지 않을까요? 아이를 지나치게 과잉 보호하는 것 같군요.

• 당신의 아이를 유아원에 맡길 때 유아원 교사가 당신이 교실에 들어오지 못하도록 당신의 코앞에서 문을 쾅 닫았다고 해서 가슴이 아팠다구요? 아마 당신은 아이에 대해 과민한 엄마라는 소리를 들을 거예요.

어머니로서 살아가면서 수도 없이 부딪치는 상황들입니다. 아프리카 여성들은 하루 종일 자신의 아기를 등에 업고 일하고 있지만, 그것을 보고 과민하다고 느끼는 사람은 없지요. 지중해 너머에서는 자연스럽게 받아들여지는 일이, 단지 유럽인이고 문명인이라는 이유로 강하게 비난받습니다. 하지만 아기는 우리를 자연 상태로 이끌지요! 아기에게 자율성을 가르치기 위해서 어머니로부터 떼어놓아야 한다는 새로운 육아법은 어디에서 비롯된 것인가요?

물론 아이의 사랑을 독점하기 위해서 아이의 아버지나 조부모와 경쟁하는 병적인 어머니들도 있습니다. 그러한 어머니들은 아이가 충분히 혼자 일을 할 수 있는 나이인데도 계속해서 아이의 똥을 닦아 주고, 음식을 먹여 주고, 옷을 입혀 주고 싶어합니다. 하지만 이런 도를 넘은 어머니들은 극히 예외적인 경우입니다. 자신의 어머니와 아직 오이디푸스적인 관계에 남아 있는, 애무하기를 좋아하는 아버지가 자식과의 접촉을 통해서 오랫동안 억압되어 있던 충동을 다시 느끼는 것과 마찬가지입니다. 하지만 프랑수아즈 돌토(Françoise Dolto)가 지적했던 것처럼, 이러한 부모들은 만 세 살 된 자신의 아이를 통해서 절대적인 권력을 행사합니다(프랑수아즈 돌토가 더 어린 아이들에 대해서 그런 이야기를 한 것은 아닙니다). 정신분석학 개론서를 제대로 읽지도 않고서, 우리는 아주 정상적인 어머니의 행동을 과민하다고 규정해 버립니다.

자격 없는 어머니, 이기적인 어머니, 권력을 독점하려는 어머니, 과민한 어머니……. 우리가 계속해서 아이를 낳고 키울 수 있으려면, 아이에 대한 욕구와 본능이 아주 강해야 합니다!

당신의 모성 본능을 믿어라

모든 어머니는 자신의 아이에 대해서
특별한 감각을 가지고 있습니다.
따라서 **모든 어머니는 존중받아야 합니다.**
겉으로 보기에 잘못이 많아 보이는 어머니도
도움과 동정을 받을 가치가 있으며,
어떤 경우라도 어머니에 대한 비난은 아무런 도움이 되지 않습니다.
아이가 성장하려면 자신의 어머니에 대해서 우리가 느끼는 대로가 아니라
자신이 느끼는 대로
자유롭게 꿈꿀 필요가 있습니다.

 당신의 모성 본능을 믿어라

"본능이란 인간이나 동물이 선천적으로 가지고 태어나는 행동 방식 혹은 때로는 설명하기 힘든 충동으로, 인간과 동물의 행동이나 태도를 결정짓는다."《라루스(Larousse) 사전》은 본능을 이렇게 정의하고 있습니다. 음식을 먹는 것은 본능입니다. 그것은 타고난 행동 방식이지요. 우리는 왜 음식을 먹어야 하는지 생각하지 않고 음식을 먹습니다. 그것은 생존과 관련된 문제이기 때문입니다.

마찬가지로 어머니들 역시 그 이유를 생각하지 않고 자식을 위해 행동하고 그들을 보호해 주려고 합니다. 모성 본능은 자식을 위해서 행동하고자 하는 자발적인 충동입니다. 모성 본능은 모든 여자들의 내면에 있는, 여자들의 본질에 속하는 속성이라고 할 수 있습니다. 어머니가 된다는 것은 오늘의 세대에서 내일의 세대로 변화하는 것을 뜻합니다. 다시 말하면, 내일을 살아갈 생명체를 만들어 줌으로써 미래에 관여하는 것이지요. 생물학과 신경학 분야의 전문가들이 가장 최근에 밝힌 연구 결과를 통해서도 모성 본능이 존재한다는 사실을 확인할 수 있습니다.

때로 어머니들에게 잘못이 있는 것처럼 보인다면, 그 이유는 우리가 앞서 살펴보았던 것과 같은 특별한 상황으로 인해서 어머니들이 상처받기 쉬운 상태에 있기 때문일 것입니다. 그러므로 이러한 특별한 경우들을 내세워서 모성 본능, 다시 말하면 자식에 대한 어머니의 본능적인 사랑을 부인할 수는 없습니다.

어린 소녀에게도 모성애가 있다

아주 어린 시절부터 여자는 스스로 어머니로서의 속성을 가지고 태어났다고 인식하고 있습니다. 남자아이들이 무엇보다 자신의 페니스를 자랑스럽게 과시하며 그것에 몰두하는 반면, 여자아이들은 자신의 성기가 움푹하다는 사실을 알게 됩니다. 어린 아이들에게 여성의 개념은 모호합니다. 만약 여자아이나 남자아이가 당신에게 "왜 여자애는 고추가 없어요?"라고 묻는다면, 여자아이는 그 대신에 몸 속에 아기를 만들기 위한 '아기 주머니'를 가지고 있다고 말해 주는 것이 가장 설득력 있는 설명이 될 것입니다. 네 살이 될 때까지 남자아이들은 여자의 몸에 대단한 힘을 부여합니다. 왜냐하면 남자아이들은 자신의 엄마가 혼자서 임신을 하고 아이를 낳는다고 생각하니까요.

태어나서 처음 몇 년 동안 여자아이들은 임신한 자신의 어머니와 자신을 동일시합니다. 그래서 눈썹 하나 까딱 않고 사람들 앞에서 자신의 뱃속에 아기가 있다고 말하기도 합니다. 그러다가 어머니가 출산을 하면, 여자아이는 더 이상 자신의 아기를 찾지 않습니다. 아이는 자신의 어머니와 자신을 동일시해 왔기에, 어머니가 임신한 바로 그 아이를 자신도 임신하고 있었다고 생각하기 때문이지요. 여자아이들은 아주 어려서부터 이런 식으로 어머니가 될 준비를 하고 있습니다. 인형놀이를 하면서 어린 어머니가 되어 인형에게 젖을 먹이고, 품에 안아서 재워 주고, 옷을 입혀 주고, 꾸짖기도 합니다. 아이는 이미 자신의 미래 모습에 자신을 투사(정신분석학 용어로, 다른 사람들도 나의 태도나 감정 등과 똑같은 것을 가졌다고 단정하려 하는 경향—옮긴이)하고 있는 것입니다.

이 모든 것은 시원적(정신분석학에서 말하는 인격 형성의 초기 단계—옮긴이) 기억에서 발생합니다. 우리 인류는 시원적 기억 덕분에 수정이 어떻게 이루어지는지 자연스럽게 알 수 있습니다. 나는 아홉 살의 비르지니라는 한 여자아이를 알고 있습니다. 내가 그 아이의 어머니에게서 갓난아이를 받아 주었을 때, 그 아이는 나에게 임신 과정을 설명해 주었습니다. 그 아이는 마치 생물책에 나오는 그림처럼 정확하게 정자가 커다란 난자를 뚫고 들어가는 모습을 그려서 보여 주더군요. 하지만 그 아이는 그런 그림을 본 적도, 배운 적도 없었습니다. 그 아이의 어머니 역시 임신이나 출산과 관련된 책을 즐겨 읽는 사람이 아니었습니다.

이와 같은 시원적 기억에 어머니의 영향이 더해집니다. 여자아이들은 어머니가 자신이나 갓난아이에게 말할 때의 억양이나 동작, 행동 등을 모방하려는 조숙한 성향을 가지고 있습니다. 같은 나이의 남자아이들이 남성성의 상징인 장난감 권총을 가지고 상상 속의 적들을 쫓는 데 몰두하는 것과는 다르지요. 따라서 시원적 기억이나 동일화를 통한 자극이 우리 행동에 끼치는 영향을 재검토해 보아야 합니다.

태아와 산모의 정신적 교감

임신 기간에 당신이 변한 것 같다고 한다면, 그것은 완곡한 표현입니다. 임신을 하면, 당신의 몸뿐만 아니라 감정까지 변하게 됩니다. 주변 사람들이 보기에 당신의 관심사는 오로지 앞으로 당신이 맡을 어머니로서의 역할에만 쏠려 있는 듯할 겁니다. 하지만 더 정확하게 말하면, 당신의 관심사가 외적인 것에서 내적인 것으로 바뀌는 것이죠. 도널드 위니캇이 말하기를, "임신을 하면 여자는 아주 느리지만 분명한 방식으로 자신의 몸 속에 세상의 중심이 있다고 생각하게 된다"고 했습니다.

한 젊은 환자가 파리의 큰 산부인과에서 정기적으로 초음파 검사를 받고 있었습니다. 임신 8개월이 끝나가던 무렵 세 번째 초음파 검사를 받고 나흘쯤 지났을 때에, 그녀는 갑자기 뱃속에 있는 아기의 상태가 좋지 않다는 느낌을 받고 겁에 질렸습니다. 곧장 병원으로 달려갔지만 의사는 크게 신경을 쓰지 않았습니다. 아무런 특별한 증상도 없었고, 가장 최근의 초음파 검사 결과도 완벽하게 정상이었으니까요. 그녀는 검사를 다시 받게 해달라고 고집을 부렸습니다. 그렇게 경황 없는 상황에서 병원의 한 산파가 그녀의 부탁을 들어 주어 초음파 검사를 다시 받을 수 있게 해주었습니다. 그리고 검사 결과, 태아에게서 장폐색증이 발견되었습니다! 그녀는 어머니로서의 본능적인 직감으로 태아의 생명을 구한 것입니다!

임신 기간에 여자는 미래 자신의 아이와 상호 영향을 주고받습니다. 태아도 지속적으로 어머니의 감정을 느끼지요. 태아는 탯줄을 통해서 전달되는 혈액량의 변화를 통해서 어머니의 감정을 느낍니다. 여러 연구가들이 임신 5개월부터 태아가 소리에 반응한다는 사실을 입증하였습니다. 태아는 어머니의 몸 속에서 들려오는 심장 박동 소리나 음식물이 소화되는 소리, 어머니의 몸 밖에서 들려오는 대화 소리, 노랫소리, 음악 소리, 특히 어머니가 목소리를 만들어낼 때 몸에서 일어나는 진동으로 전달되는 복합적인 소리들을 듣습니다. 따라서 아기는 태어난 후에도 임신 기간 후반에 어머니의 뱃속에서 들었던 소리를 기억하고 있습니다. 산모가 좋아하던 연속극의 주제곡은 산모의 긴장을 풀어 주고 행복감을 느끼게 해줄 뿐만 아니라, 아기의 울음을 그치게 한다는 사실이 이미 입증된 바 있습니다.

우리는 동요로 이와 비슷한 실험을 해보았습니다. 우리는 태아에게 두 곡의 동요를 들려 주었습니다. 한 곡은 어머니가 한 달 동안 즐겨 부르던 노래였고, 다른 한 곡은 어머니가 한 번도 부른 적이 없는 노래였습니다. 그 결과, 어머니가 즐겨 부르던 동요는 태아의 일상 생활의 일부가 되어버렸기에 태아의 심장 박동에 변화를 일으켰습니다. 하지만 다른 한 곡은 아무런 변화도 일으키지 못했습니다. 우리는 더욱 정확한 연구 결과를 위해 어머니가 같은 동요를 태아에게 직접 불러 주는 경우와 그렇지 않은 경우를 비교해 보았습니다. 그렇지 않은 경우 역시 아무런 변화도 일어나지 않았습니다. 태아는 어머니의 목소리뿐만 아니라 멜로디까지 완벽하게 알고 있었던 것입니다.

어머니의 감정 상태에 따라 태아의 심장 박동도 많은 변화를 보였습니다. 내 친구인 심장병 전문의 페르몽 박사는 임신 4개월째에 태아의 심장 기형 여부를 알아보기 위해 실시하는 정밀 초음파 검사 과정에서 그 사실을 확인할 수 있었다고 말합니다. 정밀초음파 검사는 심장 기형의 아이를 출산한 경험이 있는 산모들에게 권해지는 검사입니다. 이 검사는 산모가 전문가의 이야기에 집중하는 약 20분 동안 실시됩니다. 태아의 심장이 제대로 형성되었는지 판별한 후에 의사는 "태아의 심장은 정상입니다"라고 결론짓습니다. 그러면 어머니는 깊은 안도의 한숨을 내쉬거나, 눈물을 쏟기도 하지요. 그때 태아의 심장 박동은 눈으로 확인하거나 측정할 수 있을 정도로 빨라집니다. 이와 같은 태아와 산모 간의 열렬한 상호 작용은 새로운 특수영상 기술 덕분에 점점 더 세밀하게 연구되고 있습니다.

태아와 산모의 상호 작용은 갓난아이에게 깊은 영향을 끼칩니다. 갓난아이는 아무런 감정도 없는 백지 상태로 태어나는 것이 아니며, 그의 어머니 또한 그에게 전혀 낯선 대상이 아닙니다. 사실 태아가 오직 청각적인 자극만을 감지하는 것은 아닙니다. 태아는 산모의 양수를 통해서 산모가 먹는 음식을 맛보기도 합니다. 산모가 음식을 맛있게 먹으면, 뱃속에 있는 태아는 더욱 빠르게 양수를 삼킵니다. 태아도 당신과 함께 음식을 즐깁니다. 이런 식으로 당신의 아기는 태어나기 전부터 당신에 대해서 많은 것을 알고 있습니다.

당신의 아기는 당신이 먹는 음식을 공유할 뿐만 아니라, 당신이 버스를 잡으려고 달리거나 두려움을 느낄 때 당신의 혈액 순환이 더 빨라지는 것을 감지하기도 합니다. 이러한 사실들을 알고 있는 오늘날의 예비 엄마들은 자신의 스트레스나 부부 싸움 등이 태아에게 부정적인 영향을 끼치지나 않을지 걱정하곤 합니다. 그러한 예비 엄마들에게 얘기해 주고 싶은 점은 자궁에서의 삶이 반드시 '고요히 흐르는 긴 강물'은 아니라는 것입니다. 물론 아기는 당신의 뱃속에서 당신의 모든 감정을 느끼지만, 이렇게 해서 인생에는 행복한 순간들뿐만 아니라 화가 나거나 당혹스러운 순간들도 있다는 사실을 배우게 됩니다. 갓난아이와 마찬가지로 태아에게도 정말 해로운 유일한 감정은 어머니의 우울증입니다. 만일 당신이 당신만의 내면 세계에 틀어박혀 슬퍼하고 있다면, 만일 당신이 당신의 감정을 표출하지 않는다면,

만일 당신이 차가워 보이는 주변 사람들과 대화를 나누지 않는다면, 당신 뱃속의 태아는 이러한 감정들을 흘려보낼 수 없게 됩니다. 그러면 태아는 당신이 그의 생명을 만들어가는 과정에서 둘러 준 보호막을 통해서 더 이상 어떤 자극이나 생각도 받아들일 수 없습니다. 그러므로 아무 말 없이 우울해하기보다는 차라리 화를 내거나 울음을 터뜨리는 편이 태아에게는 더 나을 것입니다.

당신이 침대에서 몸을 움직이거나 걸으면 태아도 함께 움직이고 흔들리지요. 이런 경험을 통해서 태아는 앞으로 태어나 당신의 품에 안겨 흔들릴 준비를 하는 것입니다. 그러니 아기가 흔들리지 않는 요람 속에서 울음을 터뜨린다고 놀라서는 안 됩니다. 당신의 뱃속에서 미래의 아기는 바깥 세상에서 그를 기다리고 있는 것을 준비하고 있습니다.

태아는 자신의 엄마가 감정 변화가 심하고 늘 움직이는 활동적인 엄마인지, 아니면 반대로 정적이고 평온한 세상 속에서 감정적인 안정을 느끼는 엄마인지를 이미 알고 있습니다. 첫 울음을 터뜨리기도 전에, 당신이 그를 바라보며 품에 안아 주기도 전에, 그리고 그가 당신을 바라보기도 전에 태아는 당신이 짐작하는 것보다 당신에 대해서 더 많이 알고 있습니다. 프랑수아즈 돌토가 말했듯이 "정신적인 교감이 시작되는 것은 태아 때부터"인 것입니다. 이러한 현상을 예비 엄마들에게 일일이 설명해 주지 않아도 그들은 이미 이에 대한 확신을 가지고 있습니다. 임신한 여성들은 자신과 아기 사이의 생물학적인 상호 작용뿐만 아니라 정신적인 상호 작용을 잠재의식적으로 자각하고 있습니다. 그래서 71퍼센트의 여성들이 첫 임신을 통해서 신체적으로뿐만 아니라 정신적으로도 성숙했다고 생각한다고 합니다.

"그렇다면 이 모든 과정에서 예비 아빠의 역할은 무엇일까?" 당신은 이런 질문을 던질지도 모릅니다. 아버지가 중요한 근본적인 이유로 두 가지를 꼽을 수 있습니다. 무엇보다 아버지는 '보호자의 보호자'입니다. 그리고 자신의 아내가 미래의 가족을 만들기 위해 변화를 거치는 동안 예비 아빠는 아내에게 지지와 이해와 보호와 감탄을 통해서 긍정적이고 안정된 감정을 심어 주고, 아내의 인생과 임신에 의미를 부여해 줌으로써 아내가 때로 느끼는 무력감을 치유해 주는 역할을 합니다.

그런 다음 예비 아빠도 아기의 존재에 몰입하기 시작합니다. 함께 초음파 촬영에 참석하고, 출산을 준비하고, 태아의 몸짓을 느껴보고, 태아에게 태담을 해주는 과정을 통해, 예비 아빠는 앞으로 자신에게 주어질 아버지로서의 역할을 준비합니다. 아버지의 역할에 대해서는 다음 장에서 더욱 자세하게 다루어 보겠습니다.

모성 본능의 초기 신호들

어머니들은 항상 모성 본능이 존재한다고 믿습니다. 아이를 출산하고 나면 여자들은 갑작스러운 세대 변화를 경험하게 됩니다. 어머니가 되면서 자기 자신에 대해서 혼란을 느끼고, 도저히 통제할 수 없는 호르몬 변화를 겪습니다. 더욱 본능적인 상태로 되돌아가는 것이지요. 이러한 본능 때문에 그녀는 자신의 아이를 늘 곁에 두고 보호하고 싶어합니다. 몇몇 어머니들은 복잡한 개인적인 사정 때문에 오히려 자신의 아이에게 소외감이나 심지어 거부감을 느끼기도 합니다. 하지만 이러한 몇몇 반응들을 근거로 모성 본능이라는 개념 자체를 반박할 수는 없습니다. 이들은 어머니의 행동을 완전히 비이성적으로 만들어버릴 수도 있는 혼란에서 비롯된 것일 뿐이니까요. 모성 본능 때문에 아이를 거칠게 거부하는 아주 드문 경우도 있지만, 대부분의 경우 모성 본능은 아이를 다시 받아들이도록 만듭니다. 이러한 모든 상황에서 어머니에게 필요한 것은 판단이나 비난이 아니라 도움입니다.

어머니는 아기가 유전적으로 알고 있는 언어를 자발적으로 사용합니다. 미국에서는 이러한 언어를 베이비 토크(baby talk)라고 부릅니다. 어머니가 자신의 아이와 의사소통하는 데에는 어떠한 공부도 필요없습니다. 어머니는 자신의 아이와 본능적으로 의사소통을 합니다. 갓난아이가 누워 있는 요람으로 몸을 기울인 채 어머니는 호기심에 가득 찬 우리의 시선을 받으며 아기에게 부드럽게 소곤거립니다. 이미 실험을 통해서 초보 엄마가 산부인과 신생아실에 있는 여러 아기들의 울음소리 속에서 자기 아기의 울음소리를 구분해낸다는 사실이 밝혀졌습니다. 그것은 본능적인 것입니다.

우리는 또한 어머니의 유방 온도를 측정하는 실험도 해보았습니다. 아기가 배가 고파 울면 어머니의 유방은 온도가 높아졌습니다. 어머니의 유방이 아기에게 먹일 젖을 준비하느라 저절로 반응하기 시작하는 거죠. 오늘날 모성 본능은 구시대의 것이 되어버렸습니다. 많은 여성들이 평등을 외치면서 모성 본능으로부터 자유로워지기를 원하고 있습니다. 확신에 찬 페미니스트들은 모성 본능을 '야만적인' 것으로 취급합니다. 또한 요즘 사람들은 어머니가 아기들의 필요에 반응하는 것을 '모성 본능'이 아니라 '애착 형성'이나 '모자 상호 작용' 등의 표현으로 설명하고 있습니다.

어떤 용어를 사용하든지간에 초보 엄마들을 둘러싼 모든 상황들이 다소 의식적인 방식으로 모성 본능의 작용을 방해하고 있습니다. "당신은 아기를 너무 자주 안아 주는군요!", "아기에게 그렇게 자주 젖을 물려 주면 안 돼요!" 당신의 가장 절친한 친구

나 시어머니, 어머니, 심지어는 잘못 해석된 심리학 이론에 사로
잡혀 있는 병원 관계자들이 당신에게 퍼붓는 이런 터무니없는
말들을 왜 듣고만 있습니까?

사실 초보 엄마들은 모성 본능이라는 커다란 공기 방울 안에
서 자신의 아이에게 완전히 빠져 있는 상태입니다. 그래서 전문
가들이나 가까운 사람들은 자신들이 완전히 소외되었다고 느끼
고, 무의식적으로 그녀의 행동을 비난하는 것입니다. 사실 예비
엄마와 태아 사이의 생리적인 교류가 그 예비 엄마로 하여금 임
신 기간이나 출산시에 자신의 아이에게 몰두할 수 있게 해준다
면, 이러한 모습은 전문가들의 이론에서뿐만 아니라 가족들의
말과 미소를 통해서도 지지받을 수 있어야만 합니다.

모성 본능과 관련된 호르몬

당신이 미래의 아기를 꿈꾸고 그에게 몰두하는 시간은 임신을
확인하는 순간부터 출산 후 약 2주가 지날 무렵까지 점차 늘어
납니다. 이렇게 아기에게 완전히 몰두해 있는 상태는 생후 3개
월까지는 매우 중요하지만, 이후로는 그 중요성이 서서히 줄어
듭니다.

미국 예일 대학의 소아과 의사인 린다 메이즈(Linda Mayes)는

초보 부모들에게 아기를 생각하는 순간을 수첩에 기록하도록 요구하였습니다. 이런 실험을 통해서 린다 메이즈는 아기가 생후 3개월이 될 때까지 어머니들은 평균 3분마다 아기를 생각하며, 어머니보다 아기에게 덜 집중하는 경향이 있는 아버지들은 평균 45분마다 아기를 생각한다고 주장하였습니다. 아기에 대한 어머니의 생각은 빈도뿐만 아니라 강도 또한 무의식적이고 저항하기 힘든 것이었습니다.

어머니들은 자신의 아기에게 이로운 행동을 유도하는 긍정적인 느낌과, 아기의 건강에 대한 염려 같은, 좋은 부모가 못 될지도 모른다는 두려움에서 비롯된 고통이 뒤섞인 상태입니다. 어머니들은 아기를 잘 재울 수 있을지, 잘 먹일 수 있을지, 아기의 눈물에 잘 대처할 수 있을지와 같은, 어머니로서의 자신의 능력에 대해 늘 걱정하지요. 임신 기간에 이미 선잠에 익숙해져 있는 어머니들은 아기들의 잦은 호출과 각양각색의 꿈 때문에 한밤중에도 몇 번씩 깨어납니다. 아기가 태어나고 처음 몇 년 동안은 깊은 잠을 이루지 못하며, 그 시간이 지나고 나면 약간 더 깊이 잠들거나 선잠에 익숙해지게 됩니다. 하지만 절대로 처녀 시절 적의 잠을 즐길 수는 없지요.

아기에 대한 초보 엄마들의 이러한 걱정들은 강박적인 집착으로 인한 고통과 무척 비슷합니다. 자식에 대한 어머니의 걱정은 강박적인 습관처럼 자신의 의지로 통제되지 않습니다. 결벽증에 걸린 환자가 손을 씻고 또 씻어도 청결 상태를 불안해하는 것과 마찬가지로, 아기를 침대에서 안아 올려 아기의 상태를 확인해 보고 다시 재우기를 아무리 반복해도, 어머니는 아기가 숨을 잘 쉬고 있는지 다시 한번 확인하고 싶은 욕구를 억누르지 못합니다. 아기에게 젖을 먹이는 기간에 아기가 밤에 깨어서 어머니를 부르기도 전에 어머니가 먼저 깨어나거나, 혹은 어머니가 일을 하거나 아기와 떨어져 있어도 아기가 젖을 달라고 울음을 터뜨리는 순간에 이미 어머니의 젖이 불어 있는 경우도 드물지 않습니다.

연구가들은 또한 어머니들이 육아와 관련된 행위를 할 때 시상하부의 작용을 조절하는 모성 본능 유전자가 있다는 사실을 발견했습니다. 이에 대한 실험은 이 유전자의 기능을 정지시킨 생쥐를 통하여 이루어졌습니다. 너무도 모성적이었던 암컷 생쥐가 이 유전자의 기능을 정지시킨 후에는 자신의 새끼들에게 완전히 무관심하고, 급기야는 그들이 죽도록 내버려두었습니다. 어머니로 하여금 자식들을 어머니로서 보살피게 만드는 이러한 생물학적인 시스템은 일시적으로 기능을 상실할 수도 있습니다.

이와 같이 신경 호르몬의 분비에 의해서 미리 준비가 되어 있는 초보 엄마들은 자식의 입장이 되거나 아기의 감정을 알아차리는 데에 특별한 능력을 가지게 됩니다. 도널드 위니캇은 "아기가 식욕을 느끼려는 바로 그 순간에 젖이나 우윳병을 갖다 대어서, 아이가 그러한 욕구에 사로잡히는 것을 막아버리는 어머니의 방식"에 주목하였습니다. 이렇게 함으로써 어머니는 앞으로 아기 앞에 펼쳐질 세상에 아기를 내놓을 수 있습니다. 따라서 어머니는 아기를 품에 안을 때부터 아기와 본능적으로 조화를 이루게 됩니다. 어머니의 몸은 임신 기간부터 이러한 모성적 태도를 준비해왔고, 이에 관여하는 뇌와 호르몬은 본능적인 방식으로 그것을 더욱 부추깁니다. 그리고 특히 출산 후의 중요한 순간에 어머니의 주위에 있는 경솔한 사람들이 어머니를 불안정하게 만들지만 않는다면, 어머니와 아기 사이의 이러한 본능적인 조화는 아주 자연스럽게 이루어지겠지요.

출산 후의 중요한 순간들

어느 날 아침, 나는 태아심응장치에 기록된 비정상적인 심장박동 감소로 인한 제왕절개 수술에 응급 호출을 받았습니다. 힘겹게 태어나는 순간에 아기의 건강을 체크하기 위해서 소아과 의사가 분만실에 참석하는 것은 바람직한 일입니다.

내가 도착했을 때, 산모는 이미 수술실에 들어가 있었습니다.

그리고 산부인과 의사는 신생아가 나올 산모의 배 위에 요오드를 바르고 있었습니다. 아버지는 온몸을 잔뜩 웅크린 채 불안에 떨며 대기실에서 기다리고 있었습니다. 수술실로 들어가기 전에 수술용 위생 가운으로 갈아입을 시간밖에 없었지만, 불안해하는 아버지에게 위안이 될 만한 몇 마디 말이나 짧은 미소라도 보내 주고 싶었습니다. "저는 소아과 의사예요. 아기가 태어나자마자 내가 아기를 데리고 나와서 당신에게 보여 줄게요." 그는 몸을 일으키며 가벼운 미소를 지어 보였고, 나는 수술실로 뛰어들어 갔습니다.

아기는 약간 저체중에 발육 부진 상태이긴 했지만, 건강상으로는 아무런 이상도 없었습니다. 조산은 그리 심각한 상태는 아니었으며 소생술 같은 것도 필요없었습니다. 그저 몇 가지 조치를 취했을 뿐입니다. 나는 아기의 혈색이 좋고 생기 있다는 사실을 아버지에게 확인시켜 준 후에, 어머니가 아기를 볼 수 있도록 바로 어머니에게 아기를 데려갔습니다. 어머니는 이미 아기의 울음소리를 들었기 때문에 안심하고 있었습니다. 모든 절차가 끝나고 아기의 어머니는 회복실로 옮겨졌습니다. 우리가 아주 불편해 보이는 이동 침대로 아기의 어머니를 옮기고 있는 동안에도, 아기의 어머니는 산파가 아기를 데려다놓은 인큐베이터에 시선을 고정시키고 있었습니다. 남편은 아내의 손을 꼭 잡고 있었습니다. 그 사이에 나는 잠시 다른 신생아를 보러 갔습니다.

내가 그들 곁으로 되돌아왔을 때, 아기는 인큐베이터 안에서 울부짖고 있었습니다. 나는 다른 아기들을 돌보느라 산파에게 뒷일을 맡기고 그 자리를 떠나야 했지만, 산파 역시 바쁘다는 사실을 잘 알고 있었습니다. 이미 때늦은 질문이라는 것을 뻔히 알면서도 나는 아기의 어머니에게 물었습니다. "아기에게 모유를 먹이실 건가요, 분유를 먹이실 건가요?" 그녀는 이렇게 대답했습니다. "모유요."

나는 인큐베이터에서 울고 있는 아기를 꺼내어 어머니의 가슴에 올리고 다시 위생포를 덮어 주었습니다. 아기가 엄마의 젖을 찾을 수 있기를 바랐습니다. 그러면 아기는 차츰 안정을 찾게 될 테고, 어머니와 아기가 더 쉽게 서로를 알아볼 수 있을 테니까요. 하지만 그러기까지 걸리는 시간이나 최초의 접촉만큼 중요한 이 순간에 부모가 느낄지도 모르는 실망감 등의 위험을 감수해야 합니다.

사실 모든 아기들이 언제든지 젖을 빠는 것은 아닙니다. 특히 조산한 아기의 경우라면 더욱 그렇습니다. 조산한 아기들은 대부분 허약하기 때문입니다. 그렇다고 시도조차 하지 않을 수는 없었습니다. 그 아기는 자신의 어머니와 피부가 맞닿자 마치 예정일을 다 채우고 출산한 아기처럼 어머니의 품속으로 기운차게 기어들었습니다. 이제 막 상처를 꿰매고서 몹시 고통스러울 이 가엾은 어머니에게 내가 지나친 요구를 하고 있는 것은 아닌지 조심스러워하면서도, 나는 아기가 어머니의 젖꼭지를 찾을 수 있도록 도와 주었습니다. 아기는 어머니의 젖을 덥석 물었고, 나는 아기 어머니의 표정을 통해서 아기가 세차게 젖을 빨아들이고 있다는 사실을 확신할 수 있었습니다.

어떤 사람들은 나에게 막 수술실에서 나온 이 젊은 여자에게 또다시 고통을 주는 냉혹한 사람이라고 말하기도 했습니다. 하지만 그녀의 얼굴에 가득한 기쁨과 고통이 뒤섞인 눈물과 평화로운 미소를 보면서 나는 자신의 뱃속에서 막 나온 아기와 또다시 하나가 되는 기분을 느껴보는 것이 어머니에게 얼마나 기운을 북돋워 주는 일인지, 그리고 모성 본능이 어떻게 출산의 고통을 뛰어넘는지 알 수 있었습니다.

어머니가 갓 태어난 자신의 아기를 마음껏 품에 안을 수 있도록 내버려둡시다. 온몸과 마음으로 출산을 준비하면서, 어머니는 아기가 보내는 신호에 더욱 민감하게 반응할 수 있습니다. 아직 입을 조화롭게 움직일 수 없어 말은 못 하더라도 아기는 나름대로의 방식으로 어머니에게 신호를 보내고, 오직 어머니만이 그것을 감지해냅니다. 그러나 여전히 수유 간격이 엄격하게 체크되고, 대부분의 초보 아빠들은 자신의 아내와 갓난아이 곁에

머물 수 있는 기회를 얻지 못하고 있습니다. 그리고 초보 아빠가 병실에서 밤을 보낼 수 있도록 침대를 제공해 주는 병원이 있다 하더라도, 이러한 사실을 사전에 알려주는 병원은 거의 없습니다.

만일 어머니가 자신의 아기가 보내는 잠재의식적인 메시지를 느끼고 싶어한다면 어머니와 아기를 떼어놓아서는 안 됩니다. 어머니와 갓난아이 사이의 상호 작용을 지켜보면 그것이 얼마나 중요한지 충분히 알 수 있습니다. 갓난아이는 어머니와의 상호 작용에서 역동적으로 행동하니까요. 어른들의 미소에 자발적으로 미소로 답하기 전에 아기는 눈을 크게 뜨고 주의 깊은 시선을 보냄으로써 답합니다. 어른들의 그것과는 비교할 수 없을 정도로 아주 빈번하지만 짧은 순간에 나타나는 이와 같은 아기의 시선을 어머니가 포착할 수 있게 하려면, 아기를 어머니와 같은 병실에서, 어머니의 곁에서 조용히 지낼 수 있게 해주어야 하지 않을까요? 아기는 자신의 어머니를 관찰할 수 있을 뿐만 아니라, 고개를 돌려버리는 행동 등을 통해 모든 상호 작용을 멈추게 할 수도 있습니다.

여러 가지 참고 자료들을 통해서 아기가 다른 무엇보다 어머니, 어머니의 목소리, 어머니의 향기를 좋아하며, 생후 사흘이 지나면 자신의 시선을 통해서 그 선호도를 표현하기도 한다는 사실을 알 수 있습니다. 갓난아이는 같은 방에 있는 다른 누구보다 어머니를 더 자주 쳐다보며, 어머니의 품속에 있을 때 더 편안해합니다. 아기와 어머니의 시선이 마주칠 때, 아기의 행복에 어머니가 부드러운 미소로 답할 때, 어머니의 손이 어루만지면 아기가 행복하고 만족스러운 표정을 지을 때, 아기가 먹을 것을 찾기 시작하면 어머니 젖의 온도가 올라갈 때, 이러한 신비로운 순간들은 어머니와 아기로 하여금 서로의 모습 속에서 서로를 발견하게 하여 서로를 서서히 변화시킵니다. 주의 깊게 관찰하지 않으면 알아차리기 힘든, 극도로 섬세한 이러한 상호작용을 '애착'이라고 부릅니다.

이러한 애착이 형성되려면 어머니는 어떤 방해도 없을 것이라는 확신을 가지고 아기와 지속적이고 평화로운 시간을 즐길 수 있어야 합니다. 아기가 젖을 먹은 후에 행복하고 노곤한 상태를 즐기고 있는데, 간호사가 느닷없이 나타나 병원에서 정한 목욕 시간이라는 이유로 어머니와 아기 사이에 끼여든다면 어머니가 얼마나 가슴 아파할지 쉽게 상상할 수 있을 것입니다. 만일 아기 어머니가 이런 때아닌 목욕에 반발이라도 한다면, 그녀는 아기에 대해 과민한 어머니로 취급당하겠지요.

초보 엄마에 대한 병원 관계자들의 독선적인 태도는 그녀를 불안하게 하거나 그녀의 자신감에 타격을 줄 수 있습니다. 과연 전문가들이 아기가 원하는 것을 어머니보다 더 잘 알 수 있을까요? 어머니는 그들의 개입에 단순히 반대하려는 것이 아닙니다. 오전에는 목욕, 오후에는 문병 등의 지나치게 엄격한 계획이 어머니와 아이를 얼마나 압박하고 있는지 생각해 보아야 합니다. 또한 아이의 출산에서도 무엇보다 어머니의 선택을 가장 존중해 주어야 합니다. 병원 관계자나 방문객들은 초보 엄마가 마음껏 모성애를 발휘할 수 있도록 격려해 주어야 합니다.

"비타민이 구루병을 예방한다는 사실을 아는 의과 교수는 당신에게 그것을 가르쳐 줄 수 있다. 그리고 어머니인 당신은 당신이 자연스럽게 알게 되는 다른 종류의 지식을 그에게 가르쳐 줄 수 있다. 따라서 의과 교수는 그 방법을 배우지 않고도 자신의 아이를 돌볼 수 있게 해주는 어머니의 직관을 존중해 주어야 한다." 소아과 의사이자 정신분석학자인 영국의 위니캇은 어머니의 본능적인 지식 앞에서 극도로 겸손해야 한다고 말하고 있습니다.

하지만 크리스티안 올리비에(Christiane Olivier) 같은 프랑스의 심리학자들은 위니캇과 달리 어머니와 아기를 떨어져 지내게 하는 것이나 아주 초기부터의 집단 양육을 격찬하고 있습니다. "아기가 태어나면 처음 몇 달 동안 어머니들은 자신의 아기를 여러 곳에서, 혹은 여러 사람들이 돌보게 하지 않는다. 오직 자신의 품이 아기의 유일한 천국이라고 믿으면서 아기를 재빨리 자신의 품으로 다시 데려온다. 하지만 아기가 주변의 모든 사람들에게 놀라운 적응력을 보여 준다는 사실은 누구나 잘 알고 있을 것이다."

나는 아이가 태어난 지 몇 주가 지나면 집단 양육하는 것이 유용하다는, 오늘날 너무도 만연해 있는 이러한 이론에 대해서 반대하는 탁아소 운영자들을 최근에 만날 수 있어서 무척 반가웠습니다. 이러한 이론은 어머니가 다른 누구보다 자신의 아이가 원하는 것을 잘 알 수 있도록 유전적으로 짜여 있다는 사실을 간과하고 있습니다. 우리는 모성 본능의 존재를 부인함으로써 아이들에게 크나큰 고통을 안겨 주고 있는 것입니다.

모든 어머니는 자신의 아이에 대해서 상당한 정보, 심지어 천재적인 감각을 가지고 있습니다. 모성 본능이 자연스럽게 표출되고 강화되도록 도와 주는 것은 반드시 필요한 일입니다. 어머니와 갓난아이 사이의 모든 행위는 서로를 긴밀히 연결시켜 줄 뿐만 아니라, 갓난아이를 생존할 수 있게 해줍니다. 어머니는 아기를 처음 목욕시킬 때의 두려움을 극복하고, 우는 아기를 달래는 법을 터득하고, 아기의 소화를 돕는 법을 배워가면서 자신의 일상적인 역할을 익혀 나갑니다. 그런데 너무 많은 사람들이 이러한 상호 작용에 개입한다면 아기는 세상을 알아가는 능력을 상실하게 되겠지요. 아기가 성장하는 데에는 오직 한 명의 파트너가 필요합니다. 바깥 세상을 향해 부드럽게 열려 있는 어머니의 품에 안긴 채, 아기는 안정감을 느끼고 일관된 일정에 따라 세상을 발견합니다.

어머니의 품이 존중되고 어머니가 보호받고 세상을 향해서 재촉받지 않고 부드럽게 손을 내밀 수 있을 때, 그 아기는 더욱 긍정적이고 사교적이고 자율적인 사람으로 성장하게 됩니다. 따라서 나는 아기의 자율성을 위해 여러 사람의 손을 거쳐서 키워야 한다는 주장에 전적으로 반대합니다. 아기가 어머니와 떨어져 지낼 수 있으려면 적어도 생후 몇 달에서 몇 년 뒤여야 합니다. 이것 역시 아기마다 차이가 있으며, 가장 적절한 순간은 어머니만이 알 수 있습니다. 물론 나는 일반적인 어머니들의 경우를 말하고 있는데, 일반적인 어머니들이란 99퍼센트의 어머니들을 의미합니다.

아기의 울음소리가 들리면 어머니는 자신도 모르게 아기를 품에 안고서 젖을 물리거나 달래 줍니다. 버려지는 것에 대한 본능적인 두려움은 너무도 본질적이어서, 심지어 사회화된 성인들조차 전쟁터에서 부상을 입는 것과 같은 극도로 고통스러운 상황에 처하면 어머니를 찾습니다.

신경과학 분야에서 이루어지고 있는 연구들에 따르면, 갓난아이들은 주위 환경을 파악하기 위해서 이 이론을 이용한다고 합니다. 태어나기도 전부터 아기들은 인간이 물체와 달리 행동할 수 있다는 사실을 알고 있습니다. 그리고 아주 일찍부터 자신의 감정을 표현할 줄 압니다. 심리학자 루이스(Lewis)는 아기들이 자신의 기대가 충족되지 않으면 매우 불안해한다는 사실을 밝혀 냈습니다. 그렇다면 어머니보다 아기의 기대를 잘 충족시켜 줄 사람이 있을까요?

한 연구자는 아기가 생후 12개월이 될 때까지 아기에게 애정을 보여 주고 아기와 놀아 주고 아기를 돌봐 주는 것이 어머니의 행동 중에서 90퍼센트를 차지한다는 사실을 관찰하였습니다. 아주 어린 아기들은 의사 소통이 조금만 미묘하게 어긋나도 극도로 불안해하며, 누군가가 기본적인 의사 소통 규칙을 어기기라도 하면 항의를 표시합니다. 따라서 생후 2개월 된 아기는 텔레비전 화면 속에 있는 어머니와도 직접 마주하고 있는 것만큼이나 긍정적인 의사 소통의 상황 속에 있게 되지요. 하지만 어머니가 미소를 보내 주되 평소와는 다른 방식이라면 아기들은 극도로 비탄에 잠긴 신호를 보여 줍니다. 이러한 실험들을 통해서 아기가 자신을 돌봐 주는 사람이나 의사 소통의 일관성에 얼마나 민감하게 반응하는지 알 수 있습니다.

만약 여러 사람의 품을 거치면서 아주 불규칙한 방식으로 주위 정보를 받아들이면, 아기는 세상을 이해하기가 더욱 힘들어집니다. 그리고 하나의 기준으로 일관되게 상호 작용을 할 필요가 있는 아기에게 인간의 상호 작용이 체계화되어 있지 않을 수 있음을 너무 일찍 경험하게 할 뿐입니다. 그러므로 아기를 어머니의 품에서 억지로 떼어놓으면, 아기는 세상에 대한 기준을 잃어버릴 수도 있습니다. 여기서 다시 한번 프랑수아즈 돌토의 말을 인용해 보겠습니다. "아기는 자신이 경험하는 것에 대해 일관성 있는 반응을 얻지 못하면 그만 지쳐버린다. 일관성 있는 반응이란, 아기가 경험하는 것에 대해 믿을 수 있는 사람이 해주는 진심 어린 말 한마디일 수도 있다."

나는 젊은 부부들을 대상으로 하는 지침서에 씌어져 있던 다음과 같은 글에 절대로 동의할 수 없습니다. "아기는 생후 몇 개월, 혹은 며칠만 지나도 매우 사교적이다. 따라서 어머니들이 생각하는 것처럼 어머니가 아기에게 꼭 필요한 유일한 존재는 아니다. 사실 아기는 자신을 자주 돌봐 주고 가까이에 있는 사람이라면 누구에게도 적응할 줄 안다." 물론 아기는 적응할 수 있고, 적응해 나가겠지요. 하지만 그 대가는 무엇일까요? 더구나 어머니가 아기를 다른 사람에게 맡길 준비가 되어 있지 않다고 느낀다면 어떨까요? 몇 살밖에 되지 않은 아이들이 네 가지 색깔을 동시에 배우지는 못해도 한 가지 색깔씩 차례로 배워 네 가지 색깔을 완벽하게 배우게 되는 것과 마찬가지로, 여러 명의 어른들로부터 동시에 보살핌을 받으면 아기들은 세상이 어떻게 돌아가는지 이해하지 못합니다. "출산 휴가가 끝나는 날짜에 대해서는 뭐라고 말씀하실 거죠?" 아마 이런 질문을 던질 수도 있을 겁니다. 이 날짜를 아이의 욕구나 어머니의 직관에 어떻게 맞춰 나갈 것인가 하는 문제에 대해서는 나중에 다시 얘기하겠습니다.

누군가가 나에게 "모든 여자들이 모성 본능을 가지고 있나요?"라고 묻는다면, 나는 "그렇다"고 대답하겠습니다. 여자라면 누구나 어머니가 될 수 있는 원동력을 지니고 태어납니다. 하지만 어머니에게 그러한 원동력을 발휘하는 방법을 알려 주는 것은 바로 아기입니다. 아기가 생존할 수 있고, 어머니가 어머니로서 행동하는 것은 이러한 방식을 통해서입니다. 어머니와 아기의 이러한 상호 작용에 끼여드는 모든 것은 모성 본능을 훼손합니다. 우리 모두는 어머니와 그녀의 갓난아기가 서로를 발견할 수 있도록 도와 주고 지지해 주어야 합니다.

이 분야에서의 가장 큰 진보는 조산아 시설에서 이루어졌습니다. 아기가 조산아 보육기관에 있는 동안 아기의 어머니가 직접 먹여 주고 안아 주게 하면 그렇지 않은 아기보다 몸무게가 훨씬 더 빨리 늘어난다는 사실이 밝혀졌습니다. 몇몇 조산아 시설에서는 아기가 태어나는 순간의 사진을 찍어두었다가 아기의 어머니가 아기와 떨어져 있어야 하는 경우 그 사진을 보여 주는 배려를 하기도 합니다. 그리고 아기 어머니가 조산아 센터를 방문할 수 있도록 구급차를 준비해 두기도 합니다. 아기 어머니를 돌보는 사람들은 아기 어머니로 하여금 아기에게 먹일 젖을 짜도록 격려하고, 그렇게 해서 아기와의 관계가 단절된 것이 아니며 그녀가 아기에게 꼭 필요한 존재라는 느낌을 가질 수 있도록 해줍니다. 아기 아버지 역시 이 소중한 젖병을 운반하거나 새로운 소식과 사진을 전달하는 중요한 역할을 합니다. 주위 사람들이 내뱉는 말은 어머니와 아기의 관계 형성이나 유지에 중요한 영향을 끼칩니다. 아기에 관해서 처음 듣는 말들은 어머니의 가슴속에 영원히 새겨집니다.

나는 이미 10년 전부터 조산아 시설에 도입된 이러한 개념들이 사회로 확산되지 않았다는 사실이 무척 놀랍습니다. 산부인과에서는 어머니에게서 아기를 떼어놓는 것이 여전히 흔한 일입니다. 아기와 함께 자고 싶어하는 어머니를 지나치게 과민하다고 비난하거나, 아버지가 자신의 아내와 같은 병실에서 지내면서 아기와의 첫 만남에 대한 감정을 공유하는 것을 막아버리는 것 역시 흔한 일입니다. 우리는 또 다른 이유로 어머니를 비난하기도 합니다. 몇몇 산부인과에서는 아기의 울음을 모유로 인한 복통 때문으로 해석하고 모유 대신 특별한 식이요법을 실시하기도 합니다. 마치 아기의 배가 아픈 것이 어머니의 젖 때문이라는 듯이 말입니다! 아기가 이미 어머니의 뱃속에서 양수와 함께 어머니가 섭취한 다양한 음식을 아무런 이상 없이 맛보았는데도, 마치 어머니가 아기에게 해로운 음식을 아무 생각 없이 먹기라도 한다는 듯이 의심을 하는 것입니다! 사실 어머니가 다양한 음식물을 섭취할수록 아기의 미각 돌기는 더욱 발달합니다. 그런데도 아기의 울음을 어머니의 품에 안겨서 위로받고 싶다는 뜻으로 해석하지 않고 더 이상 모유를 먹여서는 안 된다는 뜻으로 해석해버립니다. 소아과 의사로서 내가 항상 주장하고자 하는 것이 바로 이러한 점들입니다.

초보 엄마가 쉬어야 한다는 핑계로 아기는 어머니와 너무 자주 떨어져 다른 아기들이 울어대는 영아실의 낯선 환경 속에 놓입니다. 신생아의 관리를 맡은 간호사들은 대체로 3교대 근무를 하고 있습니다. 이런 환경 속에서 아기는 어떤 목소리, 어떤 시선, 어떤 향기를 통해서 자신을 인식할 수 있을까요? 모유 수유를 하지 않는 이상, 어머니는 며칠 동안 아기와 극도로 제한된 접촉밖에 할 수 없고, 결국 두 사람은 서로에게 거의 낯선 존재가 될 수밖에 없습니다. 25퍼센트의 여성들이 산부인과에서의 경험이 서비스나 정보의 질 때문이 아니라, 아기와의 관계 등에 대한 배려 때문에 실망스러웠다고 말하였습니다.

선천성 대 후천성

아이의 기질에 맞추어 자신의 역할을 수행해야 한다고 생각하는 부모들은 아이들이 일으키는 정서적인 문제가 더 이상 자신들만의 책임이 아니라고 느껴 자칫 (죄책감 같은) 부담을 지나치게 덜 느끼게 될 우려가 있습니다. 아이의 무절제한 행동을 통제할 수 없다고 확신한 어머니는 심지어 아이의 그러한 행동에 적대감을 느끼기도 합니다. 이러한 감정은 그녀가 '나쁜 어머니' 혹은 '자격 없는 어머니'이기 때문이 아니라, 아이를 키우는 데 더 이상 아무것도 할 수 없다는 무력감에서 비롯되는 것입니다. 여기서 기억해야 할 가장 중요한 사실은, 어머니는 아기가 자신의 기질에 따라 어머니에게 전달하는 정보에 맞추어 민감하게 아기를 보살펴 주어야 한다는 점입니다.

하지만 최근에 네덜란드에서 실시된 한 연구는 아기의 인성 발달에서 선천성과 후천성의 역할 간 논쟁을 분명히 하고, 아기의 타고난 성향에 대해 상당히 많은 점을 시사하고 있습니다. 딤프나 반 덴 둔(Dymphna Van Den Doon)은 부모들이 보기에 아주 신경질적인, 말하자면 자주 울고 달래기 힘든 100명의 아기들을 선별하였습니다. 그는 그 중 절반의 어머니들에게 생후 6개월에서 9개월까지 아기가 보여 주는 신호를 포착하고 아기를 진정시키는 데에 효과적인 방법을 알려 주는 등 심리학적인 도움을 주었습니다. 그러고 나서 그 100명의 아기들이 생후 12개월이 되었을 때 다시 관찰해 보았습니다. 그 결과, 심리학적인 도움을 받았던 어머니의 아기들이 그렇지 못한 어머니의 아기들보다 안정적이고 사교적인 것으로 나타났습니다. 그리고 심리학적인 도움이나 충고를 받지 못한 어머니의 아기들 중에서 28퍼센트만이 낯선 환경에서도 안정 애착을 보인 반면에, 심리학적인 도움이나 충고를 받은 어머니의 아기들 중에서는 68퍼센트가 안정 애착을 보였습니다. 아기들의 타고난 기질이 어떻든간에, 어머니의 태도가 아기의 성장에 훨씬 더 중요한 영향을 끼친다는 점을 입증해 준 셈이지요. 이 연구 결과 덕분에 나의 확신은 분명해졌습니다. "세상에 '좋은 어머니' 혹은 '나쁜 어머니'란 없으며, 다만 상황에 따라 다소 특별하고 집중적인 도움이 필요한 어머니들이 있을 뿐이다."

어머니와 아기 사이의 특별한 힘

어머니의 품에 안겨 있는, 태어난 지 며칠 혹은 몇 주가 된 아기를 가만히 지켜보십시오. 당신이 방으로 들어오면서 소리를 내는 바람에 그들만의 달콤한 의사 소통을 방해했다면, 아기는 안정감을 느끼기 위해 어머니의 젖을 찾을 겁니다. 당신이 비난하는 듯한 시선을 보내지 않는 이상, 어머니는 완벽하게 조화로운 분위기 속에서 아기가 젖을 물고 빨도록 내버려두겠지요. 몇 모금 빨아들인 후에 안정을 되찾은 아기는 다시 긴장을 풀고서 허공을 헤매던 시선으로 당신을 탐색하기 시작합니다. 아기는 주위 환경으로부터 여러 가지 신호들을 포착하려고 합니다.

'누군가가 방으로 들어왔어. 엄마는 이 사람을 좋아할까? 이 사람의 목소리는 믿을 만하고 부드럽나? 이 사람이 스트레스나 긴장을 주지는 않을까? 이렇게 변덕스러운 세상에서 나는 누구일까? 이 냄새는 어디서 나는 것일까? 머리카락은 무슨 색깔일까, 그리고 옷은 어떻게 입었을까?'

아이는 차츰 이 모든 메시지를 포착하는 법을 깨달아갑니다. 모국어를 배우고, 기억하는 법을 배우고, 젖병을 빨거나 숟가락으로 음식을 먹는 법을 배우는 등의 정보 습득은 뇌의 발달에 지대한 영향을 끼칩니다. 정보의 습득은 어떤 시냅스가 안정되어야 하고 어떤 시냅스가 제거되어야 하는지를 결정하기 때문입니다. 갓난아기의 뇌는 계속해서 유용한 경로 혹은 무용한 경로를 선별하는 작업을 합니다. 아기는 미완성의 상태로 태어나서 오랫동안 미완성의 상태로 있습니다. 태어난 후에 아기는 자신이 어떤 세상에서 성장하게 될지를 알고 싶어합니다. 그러기 위해서 아기는 어머니의 품 같은 보호막 속에서 안정감을 느낄 필요가 있습니다.

　우리는 또한 의학 단층 촬영을 통해, 생후 처음 몇 년 동안 갓난아기의 뇌는 논리적·수학적 사고를 담당하는 우뇌보다 감정적인 자극에 더 민감한 좌뇌가 더욱 활발하게 움직인다는 사실을 관찰할 수 있습니다. 성인과 같은 우뇌의 지배적인 활동은 아주 서서히 이루어집니다. 따라서 갓난아이는 어머니의 모습이 자신을 상대하는지 다른 사람을 상대하는지, 자신의 어머니가 자신이나 자신과 상관 있는 장면에 대해서 말하는지, 심지어는 어머니가 말하고 있는 단어의 뜻을 모르더라도 어머니의 대화에 강한 감정이 실려 있는지 이해하고 있습니다.

　아이오와 대학의 신경학과 교수인 안토니오 다마시오(Antonio Damasio)의 이론에 따르면, 뇌는 또한 강력한 감정에 의해서 야기되는 육체적인 변화를 기록하고 그것을 기억합니다. 예를 들어, 아기가 배가 고파 우는데도 아직 우유를 줄 시간이 되지 않았다는 이유로 그냥 내버려둔다면, 아기는 불안해하며 열을 내고 땀을 흘리기 시작할 것입니다. 그러면 아드레날린이 분비되면서, 아기의 뇌는 아기의 감정(예를 들면, 고통스러운 감각)과 함께 그 순간에 얻은 다른 정보들(예를 들면, 목소리)을 기록합니다. 나중에 아기가 이와 비슷한 경험을 하면, 그 경험은 무의식적인 기억을 일깨워서 잠재된 반응을 불러일으킵니다.

기형의 발을 가졌던 어린 환자를 예로 들어보죠. 그 아기는 매일 고통스러운 마사지를 포함한 물리 치료를 받아야만 했습니다. 물리 치료사는 아기가 좀더 긴장을 풀 수 있도록, 아기의 부모에게 마사지를 하는 동안 우윳병을 물리도록 했습니다. 그런데 치료가 끝난 후에 아기는 식욕 부진 증상을 보였습니다. 아기가 우유를 먹는 개념을 고통스러운 마사지와 연결시켜버린 것입니다. 그래서 우리는 우윳병에 담긴 우유 대신 숟가락으로 떠먹을 수 있는 다양한 맛의 음식으로 대체하는 처방을 내릴 수밖에 없었습니다.

정보가 아기에게 전달되는 유쾌한 혹은 불쾌한 방식은 아기가 지식과 경험을 받아들이고 간직하는 방식에 영향을 끼칩니다. 그래서 나는 어머니들에게 진료 중에 아기에게 젖을 주라고 권하곤 합니다. 그러면 아기들이 긴장을 풀고 안정감을 느껴, 내가 말하는 단어나 내용을 더욱 확실하게 받아들일 테니까요. 심각하게 감정적인 압박을 느꼈거나 상처를 받았던 사건에 대한 기억은 뇌의 한 부위에 기록되어 있습니다. 이러한 기억은 나중에 감정적인 압박을 유발했던 자극을 떠오르게 하는 자극과 연결됩니다. 그러므로 간혹 새로운 자극이 설명할 수 없는 막연한 불안감을 야기하기도 하는데, 그것은 아기가 자신의 감정적인 기억을 말로 표현하지 못하기 때문입니다.

언어 표현 능력이 없는 아기는 자신이 감정적으로 경험한 사건에 의미를 부여하지 못합니다. 따라서 누가 아기를 대신하여 주지 않는 한, 이런 감정적인 경험들은 다른 사람들로부터 냉대나 질책을 받을 우려가 있는 비이성적인 행동으로 갑작스레 표출되기도 합니다. 아기의 욕구에 온 신경을 집중하고 있는 어머니만이 아기가 태어나서 처음 몇 달 동안 겪는, 피할 수 없는 욕구 불만에 의미를 부여할 수 있습니다.

자신의 갓난아이를 돌보고 있는 어머니를 지켜볼까요? 어머니는 아기가 느끼는 것을 말로 표현합니다. 만일 아기가 토하면서 울음을 터뜨리면, 어머니가 나서겠지요. "괜찮아, 아가야, 기분이 안 좋지? 지금 막 네 배가 화끈거린 건 바로 트림 때문이란다." 아기가 경험한 사건에 이런 식으로 의미를 부여해 주면서 어머니는 아기를 위로합니다. 아기가 젖병을 기다리며 울고 있을 때, 어머니는 아기를 이렇게 안심시킵니다. "진정해라, 아가야, 엄마가 지금 너에게 줄 우유를 데우고 있단다."

통제하기 힘든 무의식적인 기억을 남기는 감정적인 압박감과는 반대로, 어머니가 아기의 욕구에 잘 반응한다면 아기에게 세상이 우호적이라는 느낌을 심어 줄 수 있습니다. 그렇다고 해서 아기에게 완벽한 세상을 보장해 주는 완벽한 어머니가 될 필요는 없습니다.

모든 어머니는 좋은 어머니인 동시에 나쁜 어머니입니다. 그 것은 단지 상황에 달려 있습니다. 아기와 적절하게 조화하는 법을 배우는 것은 영원한 연구 과제입니다. 처음 몇 주 동안에는 균형을 찾기가 더욱 힘들며, 한 3년 정도는 그런 불균형 상태가 지속됩니다. 자신의 아기에게 평온하게 젖을 먹이고 잠을 재우는 방법을 원하지 않는 어머니는 없겠지요. 하지만 그것은 어디까지나 완벽한 환상일 뿐입니다. 아기는 프로이트가 쾌락의 법칙(모든 인간은 근친상간과 쾌락에 대한 충동이 있다는 법칙—옮긴이)이라고 부르는 무의식적인 작용에 따라 움직이니까요.

아기는 언제나 내적인 긴장을 풀어 줄 무언가를 찾으려 합니다. 예를 들어 배가 고프거나 무언가를 빨고 싶은 욕구를 느끼면, 아기는 울음을 터뜨려서 자신을 돌봐 주는 사람으로부터 아주 미묘한 커뮤니케이션을 유도해냅니다. 일상적으로 아기를 돌보고 있는 당신은 아기를 진정시켰다는 느낌이 얼마나 행복한지 잘 알고 있겠지요. 대처하기가 늘 쉽지만은 않은, 아기가 울음을 터뜨리는 위기의 순간들과, 그 뒤에 이어지는, 아기가 진정되고 난 후의 행복감은 당신과 아기 사이의 조율을 더욱 촉진시킵니다. 이러한 맥락에서 나는 위니캇의 다음 말이 아주 마음에 듭니다.

"당신의 아기가 당신에게 주는 근심을 즐겨라. 아기가 울음을 터뜨리거나 비명을 지르면 당신이 그토록 아낌없이 주고 싶은 젖을 먹이지 못할지도 모른다. 하지만 아기는 이러한 신호들을 통해서 자신이 인간이며 당신 또한 인간임을 인정하고 있다는 사실을 서서히 보여 준다. 따라서 당신은 이러한 신호들에 행복해할 것이다."

물론 울고 있는 아기를 달래기 위한 온갖 노력이 모두 수포로 돌아간다면 무척 당황스러울 것입니다. 아기를 품에 안고 젖을 물려보지만 아기는 세차게 고개를 돌리고 더욱 심하게 울어댑니다! 우리는 종종 이런 상황에서 '갓난아기의 배앓이'를 추측하고 내시경 조직 검사나 PH 측정기(위에서 식도를 타고 올라오는 산성도를 측정하는 기구), 혹은 해로울 수도 있는 의약품을 이용하여 갓난아기에게 의료 기술을 과도하게 적용하고 있습니다. 나는 이런 식으로 다루어지는 아기를 너무 많이 보아왔습니다. 무작정 이러한 수단을 이용하기보다는, 시행착오 없이는 적절한 해결책을 찾을 수 없다는 깨달음이 필요합니다. 대부분의 경우에 그 해결책을 쥐고 있는 것은 어머니입니다.

어머니는 인류의 역사만큼이나 오래된 비법을 사용할 수 있습니다. 하지만 오늘날의 어머니들은 그러한 비법(예를 들면, 흔들어 재우기)을 금기시하고 있어, 아기들은 그러한 혜택을 누리지 못하고 있습니다. 산부인과에서는 수월하게 감독하기 위해, 움직이지 않는 바퀴가 달린 투명한 합성수지로 된 요람을 사용하고 있습니다. 가정에서도 더 이상 흔들리는 요람을 쓰지 않습니다. 임신 기간에 태아는 어머니가 걸을 때마다 일어나는 흔들림을 경험했습니다. 그런데 세상에 태어나자마자 갑자기 하루의 대부분을 정지된 요람이나 작은 의자에서 보내게 됩니다. 하루가 끝날 무렵이면 아기는 온몸에 통증을 느끼고, 움직이고 싶어 안달이 납니다. 하지만 그때는 어머니가 남편과 휴식을 취하고 싶어지는 바로 그 순간이지요. 차분하게 아기를 진정시키지 못하고 당신은 아기를 품에 안아 올립니다. 하지만 당신의 조급함이 아기를 더 화나게 할 뿐입니다.

서양의 많은 부모들은 예쁜 장식띠로 꾸며져 있는 방에서 갓난아이를 재워야 한다고 믿고 있습니다. 이렇게 아기를 일찍부터 떼어놓음으로써 아기가 밤중에 깨어나는 나쁜 습관을 예방할 수 있을 것이라고 생각하지요. 하지만 본능적으로 부모들은 무작정 편안할 수 없으며, 아기의 방을 자꾸 들여다보게 됩니다. 그리고 아기의 작은 바스락거림도 포착할 수 있는 전자 기구를 설치하기도 합니다. 아기를 같은 방에서 재우면 서로 안정감을 느낄 수 있을 텐데 말이죠.

1999년에 《소아과 소식지(Archives de pédiatrie)》에 발표된 흥미로운 조사 결과에 따르면, 아기를 생후 여섯 달 동안 부모와 같은 방에서 재우면 영아돌연사의 가능성이 줄어든다고 합니다. 아기가 자는 동안의 호흡 리듬을 기록한 실험은 아기를 부모와 같은 방에서 재울 때, 돌연사의 원인이 될 수 있는 호흡 정지 순간이 더 짧고 뜸해진다는 사실을 보여 줍니다. 아직 완전히 성숙되지 않은 아기의 호흡 기관이 부모가 뒤척이는 소리, 숨쉬는 소리, 움직이는 소리 등에 의해 자극을 받는다는 의미입니다. 반대로 아기가 방 안의 절대 고요 속에서 혼자 있으면, 비록 아기 자신이 소리를 낸다고 하더라도, 이 시기에 흔히 있을 수 있는 긴 호흡 정지 순간을 방해할 어떤 자극도 만들어지지 않기 때문에 위험할 수 있습니다.

　마찬가지로 자유로운 모유 혹은 분유 수유법에 대한 실험을 하면서, 우리는 아기에게 안정감을 주기 위해 아기가 원할 때마다 우유를 몇 방울씩 더 먹이도록 했습니다. 만일 내 충고대로 당신의 침대 곁에 아기 침대를 두었다면, 당신은 한밤중에 아기가 깨어나도 그대로 누운 상태에서 아기에게 젖이나 분유를 먹일 수 있겠지요. 어머니들은 이 모든 일을 본능적으로 합니다. 그런데도 어머니들은 정해진 일정표를 따르지 않았다는 죄책감을 느끼곤 합니다. 아기에게 젖이나 분유를 먹이면서 잠들었다고 자신을 책망하는 어머니들이 의외로 아주 많습니다. 하지만 그것은 단지 자연스럽게 이루어지는 호르몬 작용의 결과일 뿐입니다. 젖의 분비를 촉진하는 프롤락틴은 엔돌핀군에 속하는데, 이 호르몬은 어머니를 몽롱하게 만들어서 젖을 먹이는 동안 또 다른 행복감을 느끼게 합니다. 그리고 어머니의 이러한 감정 상태 역시 아기에게 필요한 것입니다.

아기에게 가장 이상적인 광경은 어머니가 아기를 품에 안고, 아버지가 다시 두 사람을 한꺼번에 두 팔로 감싸 안아 주는 것입니다. 그런다고 해서 아기가 숨막혀 죽을지도 모른다고 할 사람은 없겠지요! 만약 그런 일이 발생한다면, 그것은 아주 예외적인 경우일 뿐입니다. 아기를 이런 방식으로 재우는 멜라네시아(오스트레일리아 북동쪽 남태평양의 약 $180°$ 경선 이서에 연이어 있는 섬의 총칭—옮긴이)에서 7년 동안 소아과 의사 생활을 했지만, 그런 경우는 한 번도 보지 못했습니다. 또한 부모와 아이가 한 침대에서 자는 홍콩과 같은 인구 과밀 도시가 서양의 도시보다 돌연사가 훨씬 적다는 사실이 밝혀졌습니다. 부모 중 한 명이 술을 지나치게 많이 마시거나 방 안에서 담배를 피우는 경우라면, 그리고 부모 중 한 명이 지나치게 비만하거나 야간 호흡 정지를 일으키는 경우라면 아기가 위험할 수도 있겠지요. 하지만 건강하고 일반적인 위생 관념을 가지고 있는 부모라면, 아기에게 젖을 먹이는 기간에 함께 잔다고 해서 위험하지는 않을 것입니다. 오히려 아기의 존재, 아기의 호흡, 아기의 냄새가 부모의 중추 신경계를 늘 경계 태세로 유지시켜 줄 것입니다.

그러므로 신경생리학자들의 이 모든 주장들은 모성 본능과 같은 맥락에서 파악될 수 있습니다. 어머니들은 아이에게 자율성을 길러 줘야 한다는 명목하에서 아기로부터 자신을 자유롭게 해줄 이러한 원칙들에 대해서 여전히 귀를 막고 있습니다.

나는 자기 자신의 변화를 재미있게 관찰했던 한 정신분석학자이자 초보 엄마를 기억합니다. 그녀는 나에게 이렇게 말했습니다. "임신 기간에 나는 내 상태를 아주 객관적으로 관찰했습니다. 자신의 아이에 대해서 너무도 하찮고 사소한 일들까지 걱정하는, 일종의 모성적 광기에 빠져 있는 어머니들을 너무도 많이 지켜보고 치료해 왔기 때문에, 나는 절대로 그런 올가미에 빠지지 않아야겠다고 생각했습니다. 출산을 하고 나는 내 아기와 어느 정도 거리를 유지하는 데 성공했습니다. 나는 나 자신이 객관적이라고 생각하였고, 간호사들에게 이런 질문들을 퍼붓는 엄마들을 우습게 여겼지요. '아기의 손톱은 언제 잘라 줘야 하나요?' '아기의 머리카락은 어떻게 말려야 하나요?' '아기의 피부에 오일을 발라 줄 필요가 있을까요?' '아기가 왜 딸꾹질을 하는 거죠?'…… 이런 수천 가지 질문들이 내게는 하찮게 여겨졌어요. 그런데 집에 돌아와서 혼자 아기를 돌보니까 아기가 먹는 음식이나 그 소화와 관련하여 아주 사소한 부분까지 점점 더 신경을 쓰게 되더군요. 어느 날은 소아과를 나오는데, 소아과 의사가 우리 아기한테 야채를 먹이기 시작해도 좋다고 말했어요. 나는 야채 중에서 특히 브로콜리를 먹여도 되는지 물어보려고 가던 발걸음을 멈추었는데, 내가 그의 다음 진료를 방해하고 있다는 사실을 문득 깨달았어요. 나는 질문을 던지면서 동시에 내 질문이 아주 어리석다는 사실을 깨달았죠. 그래서 혼자 중얼거렸습니다. '그래, 너도 어쩔 수 없이 모성적 광기에 빠졌구나!'"

사실 아기의 아주 사소한 욕구에도 관심을 가지며, 그것이 유용하다고 느끼는 사람은 오직 어머니뿐입니다. 이러한 걱정은 다른 사람들이 보기에는 때로 우스꽝스러울 수도 있습니다. 하지만 아기의 방귀나 대변, 소변, 구토 등에 반응하면서 어머니는 아기가 체험하는 자극적인 경험에 의미를 부여해 줄 뿐만 아니라, 이 모든 것들을 통하여 두 사람을 연결시키는 사랑의 관계를 더욱 풍요롭게 만들 수 있습니다. 그리고 적절한 순간에 적절하게 표현되는 어머니의 말, 시선, 관심을 통해서 아기는 자기 자신을 인식하게 됩니다. 두 사람의 상호 관계는 서서히 확대되고 풍부해집니다. 아기의 욕구를 알아차리고, 아기의 인성을 발견하고, 아기가 경험하는 감각적 사건을 말로 표현해 주면서 즐거움을 느끼는 어머니는 아기의 내면의 삶에서 중요한 존재로 자리잡아 갑니다. 이런 과정을 통해서 아기는 자신의 감각을 점점 더 잘 표현하고, 어머니와의 상호 작용에 능숙해집니다. 자신의 욕구에 거의 정확하게 반응하는 사람과의 이러한 특별한 관계는 아기에게 바깥 세상에 대한 자신감을 심어 주고 자율성을 길러 줍니다. 자기 아기의 욕구에 열중하는 본능적인 자질과, 아기가 태어난 후 처음 몇 주간의 지속적인 보살핌을 통해서 어머니는 어떤 전문가도 알 수 없는, 자신의 아기에게 결정적으로 중요한 지식을 습득해 나갑니다.

어머니와 아기는 단지 식욕을 채워 주고 젖을 빠는 동작을 통해서뿐만 아니라 다양한 스킨십을 통해서 접촉합니다. 어머니가 아기를 보살피고, 목욕시키고, 씻겨 주고, 마사지하고, 안아 주고, 재워 줄 때 아기의 피부는 자극을 받습니다. 그렇기 때문에 이와 같은 둘 사이의 은밀한 관계에서 모유가 극도로 중요한 역할을 하지요. 분유를 먹이는 경우에도 스킨십은 아주 중요합니다. 어머니는 반드시 아기가 자기의 맨살을 느낄 수 있도록 안아 주어야 하며, 가능하면 젖병을 쥔 상태에서 아기의 손이나 발을 어루만져 주는 것이 좋습니다.

어머니는 평정의 순간과 위기의 순간을 반복적으로 경험하면서 아기의 식욕이나 스킨십에 대한 욕구를 채워 주는 방법을 알아갑니다. 이렇게 아이들은 성장해 나갑니다. 더 성장하면, 대부분의 경우 남자아이들이지만 여자아이들 역시 변기나 변기의 물이 내려가는 것을 두려워하기도 합니다. 프랑수아즈 돌토는 이렇게 말했습니다.

"아이들은 변기의 물이 내려가는 것을 무서워한다. 그곳은 어머니가 자신의 배설물을 버리는 곳인데, 아이들에게 배설물은 아주 중요하기 때문이다. 아이들에게 배설물이란 자신의 몸 속에 지니고 있던 것이고, 자신의 몸에서 나온 것이기 때문이다. 변기 속으로 사라져버린 것은 자신의 일부인 것이다. 하지만 만일 어머니가 변기의 물을 내려 보내면서 아이를 품에 안고 삶의 원리를 설명해 준다면, 아이는 우주 전체에 대해서 새로운 의미를 느낄 것이다. 아이는 자신의 욕구를 통해서, 그리고 어머니의 말과 감정을 통해서 우주와 의사 소통할 것이다. '네가 보았다시피, 변기의 물을 내리면 너의 응가는 관을 따라 내려가서 강으로 흘러가지. 그리고 거름이 되어서 꽃을 피운단다…….'"

어머니의 반응은 아이가 자의식을 가지는 데에 기여하고, 아이의 미래 모습을 제시해 줌으로써 아이가 자신의 개별성을 발견하는 데에 도움을 줍니다. 이런 이유로 어머니는 아이의 인생 초기에 없어서는 안 될 존재인 것입니다.

사실 이 시기에 아기에게 오케스트라의 지휘자 같은 역할을 하는 것은 감정적인 중심입니다. 아기는 감정적인 중심으로 주위 환경에 대해서 일관된 감정을 가지고, 주위 사람들과의 관계에 대한 능력을 획득하고, 자신의 감정을 통제할 수 있게 됩니다. 아기가 거울을 통해서 자신의 모습을 알아볼 때 우리는 그 아기가 자의식을 획득했다는 사실을 알 수 있습니다. 하지만 아기는 자기 자신의 모습을 알아보기 전에 어머니의 모습을 먼저 알아봅니다. 아기는 생후 처음 몇 달 동안 자신을 돌봐 주고, 천천히 싹트기 시작한 감정적인 의사 소통 시스템을 조절해 주는 사람을 통해서 자신이 다른 사람과 구별되는 유일하고 완전한 존재라는 사실을 조금씩 인식해 갑니다.

아이의 자율성은 자발적으로 생겨난다

아이들의 자율성과 관련된 문제는 시간이 흐를수록 특히 중요하게 부각됩니다. 자율성이란 아이가 처음 태어난 순간부터 그토록 의존해 왔던 어머니라는 보호막에서 조금씩 떨어져 나오는 수단입니다. 어머니들은 종종 아이와 떨어지기 힘들다는 이유로 아이의 자율성을 개발해 주지 않는다는 비난을 받곤 합니다. 하지만 대부분의 경우에 아이의 자율성은 어머니가 서두르지 않아도 점진적이고 자발적으로 생겨나게 마련입니다. 어머니가 아기의 욕구를 충족시켜 주면, 아기는 어머니를 통해서 세상을 안전하고 우호적인 장소로 인식합니다. 이렇게 아이는 어머니를 통하여 세상을 조금씩 경험하고, 세상을 향해 천천히 나아가도 안전할 것이라고 느끼게 됩니다.

서서히 싹트는 이러한 아이의 자의식과 독립심은 우리가 아이 어머니의 의견을 존중해 줄 때 더욱 분명하게 나타날 수 있습니다. 어떤 어머니들은 아이가 생후 3개월이 될 때부터 이미 다른 사람에게 맡길 준비가 되어 있지만, 어떤 어머니들은 아이가 만 두 살이 되어도 다른 사람에게 맡기기를 힘들어합니다. 그렇다고 해서 후자의 어머니들이 지나치게 과민한 것은 아닙니다. 이 것은 단지 개인적인 차이일 뿐이니까요.

어머니는 또한 여러 명의 자식들에 대해서 각기 다른 분리 욕구를 경험할 수 있습니다. 그렇다고 이 어머니가 어떤 아이에게는 좋은 어머니이고, 다른 아이에게는 나쁜 어머니라는 의미는 아닙니다. 아이와 떨어지기 힘들어한다고 해서 그 어머니가 자신의 아이에게 병적으로 집착한다고 생각하면 안 됩니다. 나는 오늘날 지배적으로 통용되고 있는 이런 답답한 이론에 반론을 제기하고자 합니다.

만 두 살 반인 루카스의 어머니는 루카스를 유치원 초급반에 데려갔습니다. 단체 생활이 아이에게 이로울 것이라고 생각한 거죠. 루카스는 아주 예민하고 다정한 아이였으며, 특히 말을 아주 잘했습니다. 그 무렵까지 루카스는 어머니와 열성적인 보모의 손에서 자랐습니다. 유치원에서의 처음 며칠 동안 루카스는 유치원에 도착하는 순간부터 오전 내내 무리에서 떨어져 혼자 울기만 했습니다. 나흘째 되던 날, 루카스의 어머니가 아들을 데리러 왔을 때, 유치원 교사가 루카스의 어머니에게 이렇게 말했습니다. "저는 루카스에게 이렇게 계속 울기만 한다면, 어머니가 데리러 오지 않을 거라고 경고해 주었어요!" 어머니와 떨어진 불안으로 공포에 떨고 있는 아이에게 그런 말을 했다는 사실에 루카스의 어머니는 무척 놀랐습니다. 하지만 유치원 교사는 루카스 어머니의 반응에 그녀가 너무 과민하다고 말했습니다. 결국 루카스는 유치원을 바꾸었고 새로운 유치원에서는 완벽하게 적응했습니다.

어린아이의 심리 상태를 완전히 무시하는 이와 같은 처사가 아주 예외적인 것이라고 생각할지도 모르겠습니다. 하지만 저명한 소아과 의사나 심리학자들이 쓴 몇몇 개론서만 읽어보더라도, '과민한 어머니'에 대한 비난이 얼마나 만연해 있는지를 쉽게 알 수 있습니다.

"여자들은 자신의 아이와 떨어지는 것을 몹시 힘들어한다. 하지만 정작 버림받았다는 느낌으로 심신의학적 질병에 걸리는 것은 아이들 쪽이다. 탁아소에서 지내는 아이들의 비인두염이나 기관기염의 발병 비율만 보아도 그 사실을 알 수 있다. 어머니가 없는 공허한 공간에서 아이들은 숨쉬기조차 힘겨울 것이다. 아무튼 어머니들이 자신의 아이와 헤어지는 것을 두려워하는 것은 이런 이유에서이다."

이 친구의 글을 읽으면서 당신은 VRS 바이러스가 갓난아기들이 단체로 있는 곳에서 더욱 위세를 떨친다면 그것 역시 당신의 탓으로 생각할지도 모르겠습니다! 하지만 이와 같은 권위 있는 목소리들은 어머니들의 태도에도 흥미를 보였습니다. "어머니는 자기 아이의 발 밑에 매달려 있다. 어머니는 상상할 수 없을 정도의 인내심을 지니고 있다. '내 보물' '내 천사'를 외치면서, 아이가 넘어지면 달려가서 일으켜 주고, 아이가 아파할 곳에 재빨리 입맞춰 주고, 아이가 곁눈질하는 장난감을 당장 가져다 주고, 처음 가져다 준 장난감을 싫증내면 또 다른 장난감을 가져다 준다." 알도 나우리는 '아이와의 관계가 가져다 주는 마르지 않는 즐거움의 샘 속에 빠져서 허우적대는 어머니들'을 이렇게 비웃었습니다.

불쾌하기 짝이 없는 이러한 이론에 따르면, 어머니는 '모성적 광기'로 인해서 소유욕이 지나치게 강하며 자기 아이의 교육을 그 누구에게도 맡기려 하지 않는다는 것입니다. 뿐만 아니라 탁아소가 아이의 자율성과 사교성을 길러 준다고 설득하고 있습니다. 그래서 가정에서 아이와 산책이나 놀이를 즐기면서 매우 행

복해하던 어머니들조차 아이를 탁아소에 맡겨야 한다고 믿기에
이르렀습니다. 아이를 탁아소에 맡기고 나올 때마다 어린아이가
애절하게 울어대더라도 말입니다. 물론 대부분의 아이들은 어머
니가 떠난 후에 울음을 그칩니다. 하지만 한 어머니는 나에게 이
런 말을 했습니다. "탁아소로 아이를 데리러 갔다가 창문을 통
해서 우리 아이를 찾아봤어요. 구석에서 혼자 쪼그리고 앉아 몸
을 흔들고 있더군요. 아마 다른 사람이 그 모습을 보았다면, 우
리 아이를 자폐아로 생각했을 거예요. 나는 우리 아이의 그런 모
습을 본 적이 없었어요. 도저히 아이를 그곳에 내버려둘 수 없었
습니다! 아이의 사교성을 키운다는 명분으로 아이에게 그런 스
트레스를 줄 수는 없었다고요!"

단체 생활은 몇 살부터 해야 할까

이것은 매우 현실적인 질문입니다. 최근에는 이에 대한 대답
을 찾으려는 많은 연구가 시도되었습니다.

독일 북부의 딜레펠트(Dielefeld)라는 도시에는 어머니들이 아
이의 호기심과 독립심을 키워 주기 위해서 아이와의 긴밀한 신
체 접촉을 의도적으로 피하는 관습이 있었습니다. 하지만 몇 년
이 지난 후에 어머니로부터 오랫동안 과잉보호를 받으면서 자란

아이들과 비교해 보았을 때, 그 아이들은 태도가 더 우유부단하고 비사교적이라는 결론이 나왔습니다. 어머니의 애정 어린 태도가 냉담한 태도보다 아이의 독립심이나 자율성을 키워 주는 데에 더 효과적입니다.

미국의 연구자 샤퍼(Schaffer)는 아이가 힘든 상황에 닥치면 어머니를 더 찾는다는 사실을 입증하였습니다. 어머니와 최고의 애착 관계를 형성하고 있는 경우라면, 아이는 어머니가 자신의 곁을 떠나 있거나 잘못을 하였을 때 우울해하거나 울거나 소리 지르는 것으로 실망감을 표현합니다. 그리고 이와는 반대로 어머니가 자신에게 가까이 다가오거나 자신의 뜻대로 해줄 때 어머니에게 포옹을 하는 등으로 만족감을 표현합니다. 샤퍼는 아이의 상황이 좋지 않을 때, 예를 들면 아프거나 피곤하거나 낯선 사람과 함께 있을 때 어머니의 존재가 특히 중요하다고 강조합니다.

이러한 사실을 믿지 못하는 사람들도 있을 겁니다. 하지만 아이가 낙심하고 있다고 느낄 때 어머니가 나서야 한다는 사실을 존중하지 못할 이유가 있을까요? 아이에게 사회성을 키워 주기 위해서?

할로(Harlow)는 새끼 생쥐들을 대상으로 이 주제에 관한 흥미로운 실험을 하나 했습니다. 영장류의 인생에서 아주 긴 기간인

6개월 동안 어미 생쥐로부터 떨어져 있을 때, 새끼 생쥐는 반사회적인 행동을 보였습니다. 혼자 구석진 곳에 떨어져서 다른 생쥐들과 놀지도 않았고, 공격당했을 때 방어하지도 않았습니다. 단지 구석에 웅크린 채 몸만 흔들고 있었습니다. 새끼 생쥐가 어릴수록, 어미 생쥐와 떨어져 지낸 시간이 길수록, 새끼 생쥐는 더욱 철저하게 혼자 있으려 했고, 앞서 언급한 증상들이 더욱 심각하게 드러났습니다. 몇 년이 흐른 후에도, 어미 생쥐로부터의 위로나 접촉을 받지 못하고 자란 생쥐는, 비록 일정한 기간의 이별 후에 어미 생쥐를 다시 만났지만 어미 생쥐들에 의해서 키워진 다른 생쥐들에 비해 심각한 정서 장애나 행동 장애를 보였습니다. 심지어 몇몇 생쥐들은 다른 생쥐들보다 일찍 죽기도 했으며, 학습 능력도 훨씬 떨어졌습니다. 뿐만 아니라 정보를 효율적으로 다루는 능력 또한 다른 생쥐들보다 떨어졌습니다. 몇몇 생쥐들은 면역력 저하를 나타내기도 했고, 또 다른 몇몇 생쥐는 뇌 호르몬인 세로토닌의 비정상적인 수치로 인한 행동 장애인 공격성을 보이기도 했습니다. 너무 일찍부터 어미 생쥐와 떨어진 새끼 생쥐들은 시간이 흐른 후에 과도하게 복종적인 성향을 나타내거나, 성관계를 가지려고 하지 않았으며, 자신의 자손을 돌보지 않고 학대했습니다. 불안정 애착은 여러 세대를 거쳐 전달되고 있었습니다.

이 모든 연구들은 우리가 분명히 밝히고자 하는 것들을 확인시켜 주었습니다. 어머니로부터 안정감을 얻은 아이일수록 주위 환경에 더 쉽게 적응합니다. 그리고 덜 공격적이며 사회성이나 의사 소통 능력도 뛰어납니다. 그런 아이는 다른 아이들과 함께 하는 상상 놀이에서 지도적인 역할을 하고, 어른들로부터 지시 사항을 듣는 경우에도 더욱 뛰어난 집중력을 보였습니다. 따라서 나는 어머니들에게 아이가 어머니와 떨어져 유치원에 갈 수 있는 나이인 만 세 살까지는 아이에게 어머니가 가장 훌륭한 지지자이자 동반자라는 사실을 말해 주고 싶습니다.

최근에 나는 어머니들과 토론회를 가졌는데, 한 어머니가 15개월 된 아이를 돌보면서 느끼는 행복에 대해서 털어놓았습니다. 그녀는 어린 딸과 함께 하는 하루가 자신에게나 아이에게나 얼마나 흥미진진한지, 자신의 아이에게 전념하려고 회사로부터 얻은 휴직 생활에서 얼마나 큰 기쁨을 느끼고 있는지 말했습니다. 그리고 딸아이를 유치원에 보내고 싶지 않으며, 사회성이 매우 좋은 아이에게 유치원이 그다지 필요하지 않을 거라고도 말했습니다. 그러자 다른 어머니가 그녀에게 자신의 인생을 희생하고 있다고 생각해 본 적은 없는지, 그리고 딸아이가 유치원을 거치지 않는다면 학교 생활에 적응하는 데 문제가 생기지 않을지에 대해서 걱정해 본 적은 없는지 물었습니다. 그때 내가 끼여

들었습니다.

　나는 내 경험을 통해서 처음의 발언자를 충분히 안심시킬 수 있었습니다. 다정다감한 어머니가 사랑스럽게 키운 아이는 사려 깊은 교사의 지도를 받으면 대체로 학교 생활에 아주 잘 적응합니다. 그렇다고 탁아소나 유치원의 육아 방식에 반대하고 싶지는 않습니다. 탁아소나 유치원도 나름대로 장점이 있으니까요. 단지 아이가 만 세 살이 될 때까지 아이에게 몰두하고 싶어하는 어머니를, 집착이 강하고 과민하다는 식으로 몰아붙여서는 안 된다는 말을 하고 싶을 뿐입니다. 아이가 어머니를 필요로 하는 시기에, 어머니가 자기만의 여유를 즐기면서 바깥 세상과 접촉하고 싶어 아이를 유치원에 보낸다고 해서 '나쁜 어머니'가 아니듯이 말입니다.

　주로 만 한 살에서 세 살까지 아이는 큰 성장을 합니다. 이 시기에 아이는 새로운 것을 갈망하고 끊임없이 질문을 퍼붓습니다. 각각의 어머니는 나름대로 다른 사고 방식을 가지고 있으며, 우리는 그것을 존중할 필요가 있습니다. 하지만 어머니는 자신의 아이가 반항의 시기에 접어들면 특히 깊은 실망감을 맛보게 됩니다. 아이가 13개월에서 18개월 정도가 되면, 어머니는 이런저런 방식으로 9분마다 한 번씩 아이에게 "안 돼"라는 말을 하게 됩니다! 이 시기의 아이는 새로운 행동을 습득할 때마다 자신이 이루어낸 발견물이나 자신이 확장한 세계에 열광하면서 자신의 절대적인 능력 앞에 기뻐서 어쩔 줄을 몰라 합니다.

아이는 자신의 어머니가 방에서 나오면 미칠 듯이 좋아하면서도 동시에 반대하는 법과, "아니오"라고 말하는 법을 배웁니다. 아이가 투정을 부려도, 화를 내도 어머니들은 비난받습니다. 하지만 화를 내지 않는 아이란 이 세상에 없지요. 수많은 어머니가 5개월 때 너무도 잘 웃던 아이가 만 한 살에서 세 살 정도의 나이가 되자 툭하면 화를 내는 대조된 모습을 보이면 당황스러워합니다. 어린 시절은 천국처럼 보입니다. 하지만 자신의 환경에 대해서 영향을 끼칠 수 있는 능력이 발견에 대한 흥미를 따라가지 못하는 몇 년 동안은 아이에게 특히 힘든 시기입니다.

어린아이들은 화가 나면 극도로 공격적인 태도를 보입니다. 그리고 자신의 눈에 너무도 전지전능해 보이는 어머니가 자신이 부딪치는 장애물을 제거해 주지 않으면 어머니를 탓하지요. 그러면 어머니는 당황할 것이 아니라 아이가 자신을 공격한다는 사실을 인정해야 합니다. 어머니로부터 분리되는 일은 환상에서 깨어나는 과정을 거쳐야만 하니까요. "엄마가 모든 것을 해결해 줄 수는 없어. 엄마가 나의 모든 욕구를 채워 줄 수는 없어." 아이가 자신의 어머니를 사랑하는 동시에 미워하게 되는 것은 어머니의 마법과도 같은 능력에 한계가 있다는 사실을 발견하면서부터입니다. 사실 하루 동안에도 아이에게 어머니는 아주 심술궂어 보이기도 했다가 친절해 보이기도 합니다. 그렇게 아이는 성장하면서 자신의 어머니가 동화 속 요정이나 마법사가 아닌 실제 인물이라는 사실을 깨달아갑니다.

어머니의 주된 임무 중 하나는 어머니가 자신의 모든 욕구를 채워 줄 수 있는 전지전능한 동화 속 존재라는 환상을 깨뜨려 주고, 자신의 모든 욕구에 부응할 수는 없는 '인간 엄마'라는 현실을 깨닫는 힘든 과도기를 잘 거쳐가도록 도와 주는 것입니다. 어머니 혹은 어머니가 각각의 사건에 대처하는 방식과는 상대적으로 무관한 '내면의 어머니'가 아이의 사고 속에서 서서히 만들어집니다. '내면의 어머니'에게 사로잡힌 아이는 어머니가 자신의 욕구에 얼마나 정확하게 반응하는지에 대해서 점점 덜 민감해집니다. 그리고 아이는 인형을 가지고 자상한 어머니 역할을 직접 해보기도 할 것입니다. 자율성은 이런 과정을 통해서 길러집니다. 하지만 아이에게 자신의 어머니에 대해서 꿈꿀 수 있는 가능성은 남겨 주어야겠지요.

따라서 이웃이나 탁아소 보모나 교육 관계자들이 어머니를 공격하거나 비난할 때에는 막대한 책임 의식을 느껴야 할 것입니다. 어머니가 없는 자리에서도 어머니에 관한 부정적인 언급은 삼가야 합니다. "그 아이 어머니는 항상 아이를 너무 늦게 데리러 와" "그 아이 어머니는 너무 절도 없는 생활을 하고 있어" "그 아이 어머니는 아이한테 진심으로 관심이 있는 것 같지 않아." 만일 무책임한 어머니들로부터 어떤 부차적인 효과를 얻어 낼 의도로 한 말이라면 흥미로운 결과를 얻어낼 수도 있겠지요. 하지만 이런 말들이 아이 가까이에서 끊임없이 반복되는 지루한 푸념일 뿐이라면, 그 안에 담긴 감정을 읽을 수 있는 아이에게는 매우 해로울 수 있습니다.

모든 어머니는 자신의 아이에 대해서 특별한 감각을 가지고 있습니다. 따라서 모든 어머니는 존중받아야 합니다. 겉으로 보기에 잘못이 많아 보이는 어머니도 도움과 동정을 받을 가치가 있으며, 어떤 경우라도 어머니에 대한 비난은 아무런 도움이 되지 않습니다. 아이가 성장하려면 자신의 어머니에 대해서 우리가 느끼는 대로가 아니라 자신이 느끼는 대로 자유롭게 꿈꿀 필요가 있습니다.

몇몇 심리학자들이 어머니들을 대상으로 쓴 실용 지침서에 나온 충고들을 보고 나는 얼마나 마음이 상했는지 모릅니다. 다음은 생후 두 달 된 아이의 어머니와 심리학자가 나누는 대화입니다.

어머니 제가 이런 일을 하는 것이 아이를 위해서인지 나를 위해서

인지 도저히 모르겠어요. 마치 내가 아이의 인생을 살고 있는 것 같아요.

심리학자 아이가 태어나서 두 달이 지나면, 아이와 당신 사이에 문을 너무 크게 열어두지 마십시오. 아이에게 그런 습관을 들이고 나면, 당신은 더 이상 잠시도 당신의 방에 들어가 있을 수 없게 될 테니까 말입니다. 만일 아이가 보채면, 아이에게 인형이나 가짜 젖꼭지를 안겨 주고 그냥 내버려두십시오. 아이가 밤을 지내는 데에 그 정도면 충분합니다. 아이가 열이 난다고 해도 당신의 침대에서 재우지 마십시오. 아이를 보살펴 준 후에 다시 아이의 침대에 데려다 눕히십시오. 그렇게 하지 않으면 매일 열이 날지도 모릅니다.

나는 이 대화 내용에 기가 막혔습니다. 특히 태어난 지 겨우 몇 주밖에 되지 않은 아이에게 인형이나 던져 주고 아이와 떨어져 있으라고 어머니에게 명령하는 것은 인형이 어머니의 빈자리를 채우기에 충분하다는 의미나 다름없습니다. 열이 나는 아이 앞에서 이러한 명령을 지키기를 요구하는 것 역시 불쾌하기 짝이 없는 일입니다. 오히려 나는 어머니에게 아이에 대한 자신의 느낌을 존중하라고 말해 주고 싶습니다. 그렇다면 어머니는 이렇게 말할지도 모르지요. "제가 이런 일을 하는 것이 아이를 위해서인지 나를 위해서인지 도저히 모르겠어요. 마치 내가 아이의 인생을 살고 있는 것 같아요." 이 시기의 아이와 어머니의 삶을 묘사하기에 이 얼마나 아름다운 말입니까. 이 시기에 어머니와 아이는 이 경이로운 조화를 통해서 서로를 잘 느끼게 됩니다. 아이는 안정감을 느끼고 그것을 바탕으로 바깥 세상을 향해서 고개를 돌릴 수 있는 능력을 기르는 것입니다.

어린 무법자를 다루는 다음의 대화 내용 역시 당황스럽기는 마찬가지입니다.

어머니 만 두 살 된 어린 아들을 어떻게 다루어야 할지 모르겠어요. 그 아이는 늘 말썽을 일으키죠.

심리학자 아이를 절대로 달래 주지 마십시오. 학대받는 아이의 모습이 어떤 것인지를 보여 주십시오.

무슨 이런 방책을! 만 두 살이면 아이가 발견에 대한 흥미를 아주 많이 느낄 시기이기 때문에, 익숙한 장난감을 외면하고 리모콘이나 화분, 전자오븐 등에 더 관심을 보일 때입니다. 어른들이 '말썽을 피운다'라고 말하는 행동들은 이 나이의 아이들에게는 세상을 발견하고자 하는 행동일 뿐입니다.

오늘날의 부모들은 아이들의 요구를 제한하지 않는다고 비난받습니다. 하지만 아이의 요구에 한계를 두는 것과, 아이의 가장 기본적인 욕구도 채워 주지 않는 것은 잘 구분해야 합니다. 예를 들면, 생후 몇 개월 동안 아이들은 부모의 곁에서 잠들어야 하며, 만 두 살 정도가 되면 아이들은 끊임없이 새로운 물건을 발견하고 탐색해야 합니다. 이것은 투정이 아니라 욕구입니다. 물론 이러한 욕구에 일일이 답해 주는 것은 몹시 피곤한 일이기는 하지요. 하지만 어머니에게 그것이 아이의 성장에 꼭 필요한 일이라고 설명해 주면, 안심한 어머니들은 그것을 더 잘 받아들일 것입니다. 심리적인 피로의 원인은 순전히 자신이 잘못하고 있을지도 모른다는 불안감 때문이니까요. 그렇기 때문에 어머니를 도와 주는 일은 중요한 겁니다.

하지만 아이가 공격적인 태도를 보이면서 깨물거나 때리려고 한다면, 아이에게 확실하게 선을 정해 주고 어머니를 존중하는 법을 가르쳐야 합니다. 완전히 모순된 충고들에 충실하려는 부모들은 '아기도 인간이다'는 핑계하에 아기의 버릇없는 행동은 그냥 내버려두면서 아기의 기본적인 욕구는 너무 일찍부터 외면하고 있습니다. 하지만 아기는 결코 혼자서 자신의 공격성을 극복할 수 없습니다.

아기가 자신의 공격성을 극복할 수 있는가 여부는 그 공격적인 태도에 대한 주위 사람들의 반응에 달려 있습니다. 아기는 성장 과정에 있는 인간일 뿐이지 성인이 아닙니다. 당신의 반응에 따라 아기는 자신의 에너지를 부정적으로 표출하지 않는 법을 배울 것입니다. "나는 깨문다, 나는 때린다, 나는 깨뜨린다, 나는 밀친다, 나는 두드린다" 같은 부정적인 표현들을 "나는 만든다, 나는 그린다, 나는 발견한다, 나는 말한다, 나는 논다" 같은 긍정적인 것으로 바꾸어놓을 수 있습니다.

그렇다면 아이의 공격적인 태도에 어떻게 반응해야 할까요? 분명히 학대받는 어머니의 수동적인 태도로는 안 될 것입니다. 당신은 아이가 최초로 경험하는 대상입니다. 아이는 당신을 통해서 사회에서 가능한 일들을 시험해 봅니다. 만일 아이가 당신을 때리거나 깨물도록 내버려둔다면, 아이는 자신의 그러한 행동이 사회에서 통용되는 것이라고 생각하겠지요. 하지만 당신도 아이를 때리거나 깨물거나 고함을 지르거나 난폭하게 반응하면 안 됩니다. 당신은 아이의 기준이기 때문입니다. 자신의 어머니 역시 공격적인 태도로 커뮤니케이션하면 아이는 공격성을 뇌리에 새겨둡니다. 그리고 아이는 또다시 당신에게 대들고 난폭한 행동을 합니다. 그리고 시간이 흐른 후에 작은 공원에서 또래의 아이들을 만나도 똑같이 행동하겠지요.

아이의 공격적인 행동에 대한 바람직한 반응은 무엇보다 당신이 아이에게 신성한 존재라는 사실을 절대로 잊지 않는 것입니다. 어떤 경우에도 당신의 아이는 당신을 때리거나 깨물어서는 안 됩니다. 왜냐하면 당신이 바로 그 아이를 아홉 달이나 뱃속에 품고 다니다가 세상에 탄생시킨 사람이고, 아이를 먹여 주고 안아 주고 아이의 욕구에 주의 깊게 반응해 준 사람이기 때문입니다. 그러므로 아이에게 차분한 목소리로 그러한 사실을 일깨워 주어야 합니다. "아냐, 엄마는 네가 이렇게 하는 것이 싫어. 나에게 사과하렴. 엄마는 너를 보행기에 태워서 혼자 놀게 해야겠다. 네가 원한다면 울어도 좋아. 하지만 엄마는 잠시 책을 읽거나 친구에게 전화를 하거나 내 기분을 가라앉힐 수 있는 무언가를 해야겠어. 그러고 나서 기분이 나아지거든, 다시 너한테 돌아오마. 그러면 우리는 다시 즐겁게 함께 놀 수 있을 거야." 이것이 바로 영국 사람들이 격찬하는 '타임 아웃(time out)' 방법입니다.

이 방법은 아이에게 벌을 주는 것이 아니라, 누군가가 공격적인 태도를 취하면 공격받는 사람은 자신을 보호해야 하며, 따라서 폭력은 사람들 사이의 관계를 형성하는 방법이 아니라는 사실을 아이에게 이해시켜 주는 것입니다. 이런 방식으로 아이는 한계를 배워갑니다. 물론 아이가 울 수도 있습니다. 하지만 불만 없는 인생이란 없는 법이죠. 만일 아이가 절대로 울지 않고 항상 순종적이라면, 그것은 아이가 자율성의 대부분을 상실했다는 뜻일 수도 있습니다.

아이가 낯선 사람들과 함께 있으면 종종 이런 태도를 보이기도 합니다. "나와 함께 있으면 아이가 화를 내지 않아요." 물론 아이들은 부모와 함께 있을 때 자발성을 표현합니다! 이와 관련한 위기의 순간을 잘 거쳐갈 수 있도록 준비하십시오. 성장할수록 아이는 다른 사람—일명, 자신의 어머니—이 그와 별개로 존재하며 늘 그와 같은 것을 원하지는 않으며 그를 사랑하면서도 자기 자신을 보호해야 한다는 사실을 알아갑니다. 아이를 앞으로 끌어 주는 동시에 자발적으로 성장할 수 있는 여지를 남겨 주어야 합니다. 갓난아이는 자신을 귀여워해 주는 어른들이 각각 어떤 스타일로 자신을 대하는지 아주 빨리 알아차리고, 그들 각각의 반응에 적응합니다. 아이는 어머니와의 관계와 비슷한 관계를 다른 사람들로부터 이끌어내는 능력을 서서히 획득해 갑니다.

언제까지 젖을 먹일 건가요

아이의 자율성 문제에 대해서는 먼저 모유 수유와 젖떼기에 관해 말해야 합니다.

프랑스는 특히 이 문제에 대해 일관성이 없습니다. 한편으로 모유 수유를 하려 하지 않는 어머니를, 아이보다는 자기 자신을 더 생각하는 이기적인 어머니로 취급하고 비난합니다. 또 다른 한편으로는 어머니에게 수유 시간을 엄격하게 지키고 한밤중에는 아기에게 젖을 주면 안 된다는 등의 모순된 충고를 합니다. 그뿐 아니라 어머니가 아기의 행복보다는 자기 자신의 육체적인 쾌락을 위해서 모유 수유를 한다고 비난하기도 합니다. 이러한 비난은 매우 치명적일 수 있는데, 모유 수유를 통한 육체적인 즐거움과, 성관계를 야기하는 육체적인 쾌락 사이에는 아무런 상관 관계가 없기 때문입니다.

모유 수유를 처음 시작할 때의 고통이 일단 사라지고 모유 수유에 대한 긍정적인 느낌이 생기면, 당신은 아기와 삶을 공유하면서 한층 더 성숙해졌다고 느낄 것입니다. 하지만 불행하게도 당신에게 모유 수유를 해야 한다고 그토록 충고하던 사람들도 몇 달이 지나고 나면 무척 놀라워하면서 이런 말을 던집니다. "아니, 아직도 아기에게 젖을 먹인단 말야?" 그러면서 자신의 판단에 따라 젖을 떼는 날짜를 선택하여 자신에게 자랑스러워할 수 있는 기회를 빼앗아버립니다.

소아과 의사로서 경험했던 수천 가지 일 중에서 우리 문화권에 살고 있는 여자들의 삶을 너무도 잘 보여 주는 일화가 있습니다. 한 어머니가 생후 9개월 된 어린 딸을 데리고 나를 찾아왔습니다. 그 아이는 완벽하게 건강하고 혈색이 좋았으며, 영민해 보였습니다. 나는 아이를 검진한 후에 행복해 보이는 그 아이를 축하해 주었습니다. 하지만 아이의 어머니는 아이에게 영양 결핍의 징후는 없는지 물었습니다. 내가 의외의 질문이라는 표정을 지어 보이자 그녀는 심각한 병에 걸린 자신의 첫째 아이를 잘 돌봐 줬던 소아과 의사가 생후 6개월이 될 때까지 둘째 아이의 젖을 떼지 않으면 수천 가지 재앙이 닥칠 것이라고 경고했다고 말했습니다. 아직 젖을 떼야 할 때가 아니라고 느낀 아이의 어머니는 아이가 9개월인 지금까지 젖을 먹이고 있었고, 그 사실을 차마 그 소아과 의사에게 말하지 못한 것입니다. 그녀는 그 소아과 의사 앞에서는 젖을 뗀 척했다고 했습니다. 하지만 그녀는 내심 아이의 건강이 걱정되었고, 그래서 아이가 건강하다는 확인을 받고 싶었던 것입니다.

프랑스에서는 생후 9개월까지 아이에게 모유 수유를 한다고 하면 사람들이 놀라워하지만, 스웨덴에서는 그것이 아주 일반적인 모유 수유 기간입니다. 모유 수유를 오랫동안 지속한다고 해서 반드시 도를 넘는 어머니는 아닙니다. 여기서 또다시 위니캇의 말을 인용하고자 합니다. "성공적으로 모유 수유를 끝낼 무렵, 어머니는 아기가 무언가를 원하는 듯한 바로 그 순간에 아기의 코끝에 자신의 젖가슴을 수천 번도 더 갖다 대면서 망설일 수도 있다. 이런 방식으로 어머니는 아이에게, 세상은 기대하는 것과 상상하는 것과 필요한 것 사이의 균형을 발견할 수 있는 희망이 존재하는 곳이라는 사실을 인식하게 해줄 수 있다. 이렇게 해서 아기는 차츰차츰 외부 대상과의 관계를 만들어간다." 사실 나는 부모와 같은 침대에서 젖을 먹고 잠을 자는 아이들이 아주 사교적이라는 사실을 종종 주장해 왔습니다. 이러한 관습들이 우리에게는 놀라운 것이지만, 수많은 다른 문화권에서는 널리 퍼져 있습니다. 그리고 그곳의 아이들은 절대로 자율성이 부족하지 않습니다.

하지만 무슨 대가를 치르더라도 모유 수유를 꼭 해야 한다는 말은 아닙니다. 아기에게 분유 수유를 하고자 한다면, 거기에는 당신이나 당신 부부 나름대로의 이유가 있을 것이고, 그 이유는 분명히 존중되어야 합니다. 아기가 태어나면 당신이 선호하는 방식이 무엇인지 아기가 분명히 알 수 있도록 해주십시오. 그렇다고 해서 초보 엄마들에게 48시간 내에 결정하라고 독촉해서는 안 됩니다. 친밀한 방 안에서 당신의 갓난아이와 함께 결정해도 상관없습니다. 그리고 아버지가 아니라면 그 누구도 이러한 결정에 개입해서는 안 됩니다. 아버지 역시 모유 수유에서 중요한 역할을 합니다. 왜냐하면 아버지는 어머니를 지지해 주고, 시간이 흘러서 때가 되면 어머니가 아이로부터 떨어질 수 있도록 도와 주는 역할을 하기 때문입니다.

어머니는 아기가 생후 6개월이 될 때까지 아기에게 젖을 먹일 수도 있고 아기를 데리고 잘 수도 있지만, 이 모든 것은 아버지 역시 만족해야 가능합니다. 만일 아버지가 거실에서 잠을 자야 하고, 이런 일로 해서 부부 관계가 위기에 처하면, 아기 역시 위기에 처하게 되니까요. 아기에게는 모유를 먹는 것보다 서로 사랑하며 함께 하는 부모를 갖는 것이 훨씬 더 중요합니다. 아버지의 의견은 결정적인 작용을 할 뿐만 아니라, 비록 깨닫지 못한다 하더라도, 어머니가 젖을 떼는 결정을 내릴 수 있는 것은 아버지가 열의를 보이느냐 주저하느냐에 달려 있습니다.

부모가 없을 때

출산을 하고 몇 달이 지난 부모들이 아기를 떼어놓고 주말 여행이나 한 주 정도의 여행을 떠나도 괜찮을지 물어오곤 합니다. 이 문제에 대해 어떤 충고를 해주기 전에 무엇보다 먼저 아기 어머니의 심리 상태를 파악해야 합니다. 그럴 때마다 나는 생후 4개월 된 아기가 있었던 한 젊은 부부를 떠올리게 됩니다.

그 젊은 어머니는 아기에게 모유 수유를 하고 있었습니다. 아기가 태어나기 몇 달 전에 아기 아버지는 안데스 산맥으로 갈 수 있는 여행권에 당첨되었습니다. 하지만 아내의 임신과 출산 때문에 여행을 연기해 왔고, 이제 여행권을 잃지 않으려면 출발 날짜를 정해야 했습니다. 그 부부는 아기를 할머니에게 맡기는 방법을 생각하고 있었습니다. 내가 아기 어머니에게 그때까지 연기해 왔던 이 여행에 대해서 어떻게 생각하는지 묻자, 그녀의 눈에서 눈물이 흘러내렸습니다. 아기 아버지는 아내를 몰아붙일 생각은 없지만, 자신의 아내를 아기한테서 벗어날 수 있도록 도와 주는 것이 자신의 역할이라고 생각한다고 말했습니다.

　나는 아기 어머니가 여전히 아기와의 관계에 몰두해 있는 것처럼 보였기 때문에 여행을 가기에는 너무 이른 것은 아닌지, 여행을 떠날 준비는 되었는지, 여행을 즐길 수 있을 만큼 여유로운지 물어보았습니다. 아기 어머니는 와락 울음을 터뜨리면서 자신은 아직 여행을 떠날 마음의 준비가 되어 있지 않으며, 단지 남편을 즐겁게 해주기 위해서 여행을 받아들인 것뿐이라고 고백하더군요. 아주 다정해 보이던 그녀의 남편은 갑자기 초조해 보였습니다. 나는 그녀의 남편에게 아기에 대한 그녀의 감정은 아기가 어린 만큼 당연한 것이므로 존중해 주어야 한다고 말했습니다. 그리고 나는 이 여행이 어머니와 아기의 이원론적인 관계에 일종의 상처가 되는 단절을 만들 수 있다는 사실을 강조했습니다. 아버지는 아쉬워하는 기색이 역력한 채 내 진료실을 떠났습니다. 그는 아내와 아기가 떨어져 지낼 필요가 있다는 자신의 생각을 내가 인정해 주기를 바랐던 겁니다.

사실 나 역시 그 당시에는 당황스럽기도 했습니다. 하지만 나는 그 다음 달에 그가 목적지를 바꾸어서 아내와 아기와 함께 여행을 떠났다는 소식을 들었습니다. 나는 소아과 의사로서 내 역할을 잘 수행했으며, 아기 아버지에게 아기 어머니의 기운을 북돋워 줄 수 있는 기회를 만들어 주었다고 생각합니다. 사실 이것이 그들에게는 안데스 산맥으로 가는 것보다 훨씬 더 중요한 일이었으니까요.

이와 비슷한 상황을 보면, 나는 늘 가만히 듣고만 있지 않습니다. 많은 어머니들이 가슴 아파하며 휴가를 떠나고, 휴가지에서 맘껏 즐기지도 못하지요. 자신의 갓난아기가 사려 깊은 할머니의 손에서 안전하게 지내고 있다는 사실을 알고 있더라도 사정은 마찬가지입니다. 내가 여기서 강조하고 싶은 문제는 아이의 안전과 관련된 것이 아니라, 어머니가 아이와의 미묘한 상호 작용을 중단할 때가 되었다고 느끼는가 하는 것입니다.

여러 심리학자들이 주장하듯이, 아버지는 분명히 분리자의 역할을 해야 하지만, 어머니와 아이 사이의 마법과도 같은 이중주에 너무 일찍 개입해서는 안 됩니다. 다행스러운 사실은 대부분의 아버지들이 누에고치(일정한 기간이 지나면 껍질을 벗고 나오는 애벌레를 의미—옮긴이)의 필요성을 깊이 인식하고 있다는 것입니다. 그러므로 어머니 혹은 부모가 자신의 아기와 친밀함을 유지하고 싶어하는 기간을 존중해 주어야 합니다. 이 기간은 아이와 부모마다 다를 수 있으므로, 전문가가 그 기간을 정해 주어서는 안 됩니다. 따라서 아무리 전문가라 해도 아이 부모에게 이런 말은 해서는 안 되겠죠. "당신은 당신의 아기가 3개월, 9개월, 두 살, 세 살이 되면 여행을 떠날 수 있습니다." 그 시기는 어머니와 아이와 아버지 사이의 연금술에 달려 있습니다. 내가 알고 있는 수많은 부부들이 아이가 15개월, 16개월이 되었어도 저녁에 외출하기를 꺼립니다. 그들은 시내에서의 어떤 저녁 식사에도 만족하지 못하고, 오히려 아이가 잠들기 전에 아기를 달래 주는 것이 더 낫다고 생각합니다. 지나치게 과민한 부모이기 때문일까요? 절대 그렇지 않습니다.

아기는 청소년이 아니다

여기서 프랑수아즈 돌토의 말을 다시 한번 인용하고자 합니다. "특히 특징적인 인간의 활동인 상징의 사용은 여섯 살이나 일곱 살경에 그 가능성이 나타난다. 따라서 진정으로 자율성이 싹트는 것 역시 바로 이 시기이다." 이와 같이 아이들은 서서히 자신이 어머니와 독립적인 존재임을 느낍니다. 열아홉 살의 니

콜라스는 어머니가 원하는 직업을 선택하고 싶지 않아 이렇게 말했습니다. "엄마, 사람은 두 개의 뇌를 가지고 있어요!" 하지만 아기는 청소년이 아닙니다. 생후 18개월 혹은 만 세 살 된 귀여운 꼬마가 자율성을 가지고 있다면 그것은 신화에나 나올 법한 이야기겠죠!

아기도 죄책감을 느낀다

어머니뿐만 아니라 아기 역시 죄책감을 느낄 수 있다는 사실이 놀라우실 겁니다. 자신을 부분적으로 완전한 인간으로 자각하면서 아기는 자신의 어머니도 상처받을 수 있으며, 자신이 가해자가 될 수 있다는 사실을 깨닫습니다.

아기는 음식에 대한 충동으로 어머니의 젖꼭지를 아프게 하거나 약간의 출혈을 일으키기도 합니다. 하지만 이 단계에서 아기는 자신이 어머니의 젖꼭지를 아프게 빨아들일 때의 결과에 대해서 아무런 걱정도 하지 않습니다. 젖을 먹고, 놀이를 하고, 화를 내는 등의 다양한 흥미로운 경험을 하면서 아기는 공격의 대상이 어머니의 상처받기 쉬운 부분일 수 있다는 사실을 깨닫습니다. 아기에게 어머니는 대단히 중요한 존재입니다. 아기는 어머니라는 존재에 의존하며, 어머니에게 애정을 가지고 있습니다. 따라서 아기는 한편으로는 어머니에 대한 사랑을, 다른 한편으로는 서서히 죄책감을 느끼게 하는 공격적인 충동 사이에서 갈등하기 시작합니다. 위니캇은 이렇게 말했습니다.

"아기의 인생에서 어머니가 지속적이고 활기차게 존재할 때, 아기는 죄책감을 느낄 수도 있다. 아기에게 있어 죄책감은 사과하고 싶고, 즐겁게 해주고 싶고, 무언가를 주고 싶은 욕구의 원천이 된다." 다시 말하면, 죄책감이란 사회성 형성에 없어서는 안 될 요소인 것입니다.

3

부성 본능은 있는가

아버지의 역할은 어머니를 보호하고,
그녀를 어머니로서 그리고 여자로서 그 가치를 인정해 주는 것입니다.
각자에게는 나름의 위치가 있습니다.
아이에게 가장 좋은 아버지는
어머니 같은 아버지가 아니라, 어머니를 사랑하고
보호해 주는 아버지입니다!

부성 본능은 있는가

나는 남자이다. 따라서 나는 나의 일부, 독립적인
생명을 가지고 있지만 의존적이며 서서히 인간이 되어가는 나의 작
은 덩어리가 요람 속에 파묻혀 있는 모습을 보는 것이 어떤 것인지
진정으로 알 수는 없다. 오직 여자만이 이러한 경험을 할 수 있다.

— 도널드 위니캇

오늘날의 아버지들은 아버지로서의 참모습을 찾고자 노력하
고 있습니다. 하지만 그에 대한 이야기는 거의 언급되지 않고 있

습니다. 신세대 아버지, 아버지이기를 포기한 아버지, 늘 부재중인 아버지, 권위적인 아버지 사이에서 아버지의 참된 역할을 밝히기란 아주 힘든 일입니다. '아버지의 위치' '신세대 아버지' '아버지의 역할' 등에 관한 새로운 책들이 매달 쏟아져 나오고 있습니다. 이러한 현상은 페미니즘 운동의 직접적인 결과입니다. 남자들이 모든 결정권을 쥐고 있었던 예전과는 달리, 자유로운 피임 덕분에 여자들은 임신이나 임신의 시기("내가 원할 때 내가 원하면 아기를 가진다")를 선택할 수 있게 되었습니다. 그리고 직장 생활을 통해서 얻은 물질적인 자유로 여자들은 보다 독립적인 존재가 되었습니다. 이 두 가지 요소는 아버지의 역할을 혼란에 빠뜨렸습니다.

오늘날의 예비 아빠들은 아내가 임신했다는 사실을 아는 순간부터 걱정에 휩싸입니다. "내가 정말로 내 아이를 교육시키는 아버지가 될 수 있을까?" "이러다가 그저 번식용 수컷으로 전락해버리는 건 아닐까?" 아내가 출산하는 순간에 많은 아버지들이 이런 걱정을 한다고 합니다. 부부 두 사람이 모두 아이를 원했다 하더라도, 두 사람이 결혼한 사이라 하더라도, 힘겨운 시험관 수정을 통하여 오랜 기다림 끝에 아기를 얻었다 하더라도 이별은 언제든 가능하며, 초보 아빠들은 바로 그것을 두려워합니다. 그들은 아버지로서의 위치가 모호해질 수도 있으며, 미래의 아기가 잉태되는 순간부터 이러한 생각에 사로잡힙니다.

생물학적인 아버지, 법적인 아버지, 양육하는 아버지, 상징적인 아버지…… 우리는 이와 같은 아버지의 다양한 측면들이 점점 분리되고 있으며, 아이의 성장 과정에 꼭 필요한 것임에도 불구하고 이 다양한 측면들을 하나로 유지하기가 얼마나 힘든지 살펴볼 것입니다.

우리는 아버지의 역할이 오늘날 우리가 기대하는 모습과 아주 다르다는 사실 또한 알게 될 것입니다. 사실 그 이유는 아버지들이 안정적인 애정과 평온한 부성애를 회복할 수 없을 것이라는, 잘못된 이론들 때문입니다. 사실 작가나 심리학자, 소아과 의사들은 아이의 감성 발달, 인지 발달, 사회성 발달에 부모가 영향을 끼치는 방식을 정의하면서 어머니에 비해 아버지에 대한 연구는 거의 하지 않고 있습니다.

아버지들이 꿈꾸는 '신세대 아버지'

《파밀리(Famili)》라는 잡지는 2000년 5월에 〈신세대 아버지, 기적〉이라는 제목으로, 새로운 아버지 상을 제시하는 한 여론 조사 기관의 조사 결과에 대한 분석 기사를 실었습니다. 오늘날의 아버지는 어떤 모습일까요?

한 가지 분명한 사실은 남자들 역시 부성애를 경험한다는 것입니다. 임신한 순간부터 매우 열성적으로 관심을 가지는 남자들은 기꺼이 갓난아기와 함께 시간을 보내려 하고, 기꺼이 그를 돌보려 합니다. 92퍼센트의 남자들이 기저귀를 갈아 주며, 24퍼센트의 남자들이 저녁 식사를 준비하고, 23퍼센트의 남자들이 목욕을 시켜 준다고 합니다. 사실 그들의 아내는 가사일이나 육아에서 남자들이 주장하는 이와 같은 비율의 참여를 인정하지 않았지만, 그들이 많은 시간을 아기와 함께 보낸다는 사실은 인정했습니다. 67퍼센트의 남자들이 직장에서 돌아와 아기와 놀아 주고, 42퍼센트의 남자들이 주말마다 아기를 데리고 공원이나 공연에 간다고 합니다. 우리의 조상들보다 훨씬 더 아이와 가깝게 지내는 오늘날의 아버지들은 아이들과 둘만의 애정 관계를 만들어 나가고 있습니다.

출산과 관련한 또 다른 여론 조사는 74퍼센트의 초보 아빠들이 어떻게든 분만에 참여한다고 밝혔습니다. 아내를 격려하기 위해서뿐만 아니라, 그러한 순간을 공유하기 위해서라고 초보 아빠들은 말합니다. 두 명 중에 한 명 정도가 자신의 아내와 함께 분만 준비 과정에 참여하고 육아서를 독파한다는 사실을 인정하였습니다. 그들 중에 92퍼센트가 아기에게 우유를 먹이고 말을 거는 아버지의 모습에 매혹된다고 했습니다.

《아버지, 어머니, 아이들(Pères, mères, enfants)》의 저자이자 사회학자인 크리스틴 카스틀렌-뫼니에(Christine Castelain-Meunier)는 이렇게 말했습니다. "우리는 관습적인 아버지의 시대(아버지는 법이고 규칙이고 이성이다)를 거쳐 상대적인 아버지의 시대로 왔다. 남자들은 그 어느 때보다 자신들의 아이와 가까워졌으며, 진심으로 자신의 아이와 일상을 함께 하고 다양한 활동을 공유하고 싶어한다." 남자들 입장에서 보면 여자들은 그들에게 점점 더 많은 것을 요구하고 있습니다.

사람들은 그 원인을 부부간의 공평한 역할 분담이라는 개념과 연관시킵니다. 하지만 사실상 사회는 이러한 새로운 행동 양식을 그다지 지지하지 않고 있습니다. 일상 생활에서 아버지는 할 수 없이 끌려들어간 사람, 마치 갖다 붙인 조각처럼 보이기도 하지요. 탁아소로 아이를 찾으러 오는 남자들이 점점 많아지고 있건만, 탁아소 보모들은 이런 말로 그들을 맞습니다. "당신 아내에게 아더가 낮잠을 잤고, 시럽 음료를 마셨다고 전해 주세요." 아버지는 완전한 대화 상대가 아니라는 듯 말이죠.

4, 50대의 남자들에게 물어보았더니 대부분이 자신의 아버지와 친밀한 관계를 거의 가져보지 못했다고 대답했습니다. 하지만 그들은 거리감 느껴지는 아버지 상을 깨뜨리기 시작했고, 자신이 받았던 것과는 다른 교육을 자신의 아이에게 해주고 있다

고 말했습니다. 오늘날 20대의 젊은 남자들은 보다 쉽게 상대적인 아버지가 될 것이며, 이러한 현상은 10년 내에 아버지가 될 사람들에게 더욱 분명하게 드러날 것입니다.

남자들은 늘 직업적인 상황을 더 우선시합니다. 단지 12퍼센트의 남자들이 자녀를 더 잘 돌보기 위해 직장 생활을 잠시 보류한다고 밝혔습니다. 그들 중 대부분(다섯 명 중에서 네 명)은 자신의 아내보다 퇴근하는 시간이 더 늦습니다. 아이가 아플 경우에도 열 명 중에 한 명의 아버지만이 직장에서 휴가를 받아서 아이를 간호할 결심을 합니다. 단 1퍼센트의 아버지만이 아이를 돌보기 위해서 직장 생활을 줄이고 육아 휴직을 선택합니다. 사실이 문제는 남녀간의 월급 격차라는 관점에서 생각할 수도 있습니다.

남자들은 여자들에 비해 직장 생활에 훨씬 더 많은 것을 투자합니다. 심지어 부부 두 사람이 모두 간부라 하더라도 마찬가지입니다. 아이가 태어나는 순간부터 일하는 시간을 줄이는 쪽은 여자이고, 이때부터 불평등한 시스템이 작동하기 시작합니다. 왜냐하면 어머니의 직장 생활은 가정 내에서의 책임감이라는 무게 때문에 속도가 느려지기 때문이지요. 이것은 단순히 부부간의 문제만은 아닙니다. 남편이 아내보다 두 배 이상의 수입을 벌어들이면, 아내가 아이의 울음소리나 소란으로부터 남편을 보호해 주고 잠을 잘 수 있도록 배려해 주려는 것이 일반적인 경향입니다. 하루가 35시간이라면 부부 각자가 아이를 돌보는 시간이 균형 잡힐 수 있을 거라고 말들 하지요. 하지만 모든 것은 여유 시간을 어떻게 활용하는가에 달려 있습니다. 몇몇 남자들은 여유 시간을 아이 돌보는 데에 할애하기도 하지만, 여러 설문 조사 결과에 따르면 대부분의 남자들은 여유 시간을 가족보다는 스포츠나 단체 활동에 할애하는 것으로 밝혀졌습니다.

많은 아버지들은 아기 목욕시키기, 식사 준비하기, 아기 돌보기 등의 일을 기꺼이 하겠다고 말했지만, 정작 그들의 아내는 남편의 이러한 고백을 완전히 믿을 수는 없다는 반응을 보였습니다. 그들 중에서 단지 14퍼센트가 아이의 식사를 준비해 주고, 16퍼센트가 아이를 목욕시키며, 2퍼센트가 아픈 아이를 간호해 준다고 하는군요. 하지만 아이의 침대 머리맡을 지키는 것은 아이에게 중요한 상징적 의미가 있습니다. 아프고 약한 아이는 자신의 고통에 마음껏 빠져들 권리가 있으며, 부모는 이 시간 동안 아이 곁에서 말을 걸어 주고, 동화책을 읽어 주고, 노래를 불러 주면서 아이에게 소중한 추억을 만들어 줄 수 있습니다. 내가 남자들에게 부탁하고 싶은 것은 바로 이러한 순간을 피하지 말라는 것입니다.

하지만 최근에 밝혀진 새로운 조사 결과들은 그다지 낙관적이지 않습니다. 국립통계연구소의 조사 결과는 여자들이 강조하는 사실들을 더욱 분명히 확인시켜 주었습니다. 60퍼센트의 남자들이 육아나 가사 일에 참여하지 않고 있으며, 여전히 여자들이 그 일의 대부분을 맡고 있다는 것입니다. 또한 만 열다섯 살 미만의 자녀를 둔 직장 여성들이 결혼한 남자들에 비해 두 배 이상의 시간(약 5시간 이상)을 가사 일에 할애한다는 사실이 밝혀졌습니다. 많은 여성 단체나 주요 노동조합에서 반대하고 있는 이러한 여자들의 이중 일과 경향은 여전히 사라지지 않고 있습니다.

남자들은 아기 목욕시키기, 옷 갈아입히기, 식사 준비 혹은 여러 가지 과외 활동이나 병원에 데려 가는 일 등과 같은, 사회적으로 가치를 인정받지 못하는 일이나 가장 반복적이고 단순한 일들을 아무렇지도 않게 아내에게 내맡기고 있습니다. 국립통계연구소의 조사 결과에 따르면, 남자가 한 주 동안 아이에게 할애하는 시간은 여자의 2분의 1 정도라고 합니다(여자는 직장에서 돌아온 후에 매주 25시간 37분의 시간을 아이에게 할애하는 반면, 남자는 12시간 41분의 시간을 아이와 함께 보내고 있습니다). 일상적인 가사 분담의 경우에 여자들은 하루에 260분의 시간을 가사로 보내는 반면에 남자들은 142분의 시간을 가사로 보내고 있습니다 (1986년도에는 여자들은 280분, 남자들은 131분이었습니다).

아이를 학교로 데리러 가거나 축구장이나 합창 대회에 데려가는 데에 한 주에 약 5시간 20분의 시간을 쓰는 것도 여전히 어머니 쪽입니다. 《누벨 오브제르바퇴르(Nouvel Observateur)》의 한 기사에 따르면, 이미 수년 전부터 어머니들은 진정으로 '전문적인 부모'의 위상을 가지고 있는데, 그 이유는 일반적으로 어머니들이 교사들과의 관계나 학교 숙제 등을 잘 관리해 주기 때문이라고 합니다. 사실 아이의 학교 생활에 문제가 생겼을 때 선생님을 만나는 것은 누구인가요? 47퍼센트의 경우에 어머니이고, 아버지는 5퍼센트에 불과합니다.

하지만 가사가 균등하게 분배되지 않고 있다 하더라도, 아버지들이 아이와 함께 보내는 시간이 훨씬 늘었다는 사실은 인정할 수밖에 없습니다. 그 시간은 주로 이야기를 나누거나 텔레비전을 함께 보거나 산책을 하거나 박물관을 방문하는 등의 사교적인 활동으로 이루어집니다. 남자들이 자녀에게 할애하는 시간 중에서 여가 활동이 50퍼센트를 차지하는 데 비해 여자들의 경우에는 40퍼센트를 차지합니다.

그렇다면 이 모든 경우에 권위의 문제는 어떻게 될까요? 요즘 어머니들은 종종 아이를 나무랄 때에 남편으로부터 지지받지 못하는 경우가 많다고 불평하곤 합니다. 이에 대해서 아버지들은 아이를 나무라는 역할을 맡고 싶지 않다고 밝혔습니다. "누가 아이를 꾸짖는가?"라는 질문에 대해서, 자신이라고 대답한 어머니의 비율은 30퍼센트였고, 자신이라고 대답한 아버지의 비율은 26퍼센트였습니다. 아버지들은 정말로 권위적이지 않은, 자상하고 잘 놀아 주는 아버지가 되기를 원했습니다.

여기서 여러 명의 자녀를 둔 아버지를 일컫는 '슈퍼 아빠'라는 단어를 언급하지 않을 수 없겠군요. 슈퍼 아빠는 대부분의 아버지들에 비해 육아나 가사에 훨씬 더 많이 관여합니다. 한 명의 자녀를 둔 아버지의 경우에는 1퍼센트만이 학교 여선생님을 혼자 만나러 가는 데 비해서 슈퍼 아빠들 중에서는 8퍼센트가 학교 여선생님을 혼자 만나러 간다고 합니다.

어떤 통계 자료를 보아도 남자들은 늘 '신세대 아버지'가 되기를 원하고 있습니다. 정작 그들의 아내는 그것을 부정하고 있는데도 말입니다. 사실 늘 실천하지는 못하지만, 남자들은 아이와 함께 시간을 보내면서 이상적인 아버지의 모습에 부합하기를 원합니다. 심리학자이자 정신분석가인 실비안느 지앙피노(Sylviane Giampino)는 이렇게 말했습니다. "일상 생활에서 여자들은 훨씬 더 많은 일을 맡고 있다. 여자들은 이러한 정신적·육체적 부담에 대해 남자들이 자신을 위로해 주기 위해 충분한 노력을 하지 않는다고 생각한다."

부성 본능은 있는가

사실 아버지에게 부성 본능이 있다기보다는 아이와의 상호 작용을 통해 애착을 형성한다고 말하는 편이 나을 것입니다. 아버지의 감정은 어머니의 본능과는 반대로 신중하며 의식적입니다.

그러한 애착이 발달하려면 아버지는 주위 사람들로부터 지지를 받아야 합니다. 피그미족(아프리카의 소인족—옮긴이)과 같은 몇몇 민족들의 경우에는 아버지와 어머니 사이의 육아 분담이 놀라울 정도로 잘 이루어지고 있습니다. 어머니가 아기의 젖을 먹이고 나면, 아버지가 아기를 받아서 재웁니다.

서양 사회에서는 어머니가 아버지에게 개입할 여지를 주지 않는다며 비난하곤 합니다. 종종 심리학자들이 주장하듯이, 어머니가 아이에 대한 자신의 자리를 아버지에게 빼앗길까 봐 걱정하는 것은 아닐 겁니다.

하지만 아버지가 아이에게 나쁜 버릇을 들일까 봐 걱정하는 어머니는 있습니다. 아버지가 어머니와는 다른 방식으로 아이와의 관계를 만들어 나가는 중인데도 말입니다.

그렇다면 과연 사회는 아이가 탄생할 때 아버지에게 어떤 자리를 마련해 줄까요?

산부인과에 초보 아빠를 위한 침대는 없다!

사람들은 요즘 들어 수많은 아버지들이 아이의 출산에 참석할 수 있게 되었다며 기뻐합니다. 수십 년 전에 비하면 엄청난 진보입니다. 하지만 현실은 완전히 낙관적이지만은 않습니다. 아버지들이 수술용 가운을 입는 것은 흔한 일이 되었지만, 신생아를 직접 받는 것은 여전히 드문 일입니다. 소아과 의사로서 나는 출산의 순간에 많이 참석해 보았습니다. 하지만 아버지를 출산에 끌어들이는 일은 아직 성공하지 못했습니다. 대부분의 산부인과는 아버지를 출산에 참여시키거나 아이를 받게 하는 조치는 전혀 취하지 않고 있습니다. 자신의 손으로 아기를 받을 수 있도록 아버지에게 팔꿈치까지 소매를 걷어붙이고 손을 소독하게 하지도 않습니다. 이는 아버지를 단순히 관찰자의 역할에 한정시키고 있음을 보여 주는 아주 단적인 예입니다. 수많은 아버지들이 그저 아이들의 출산을 비디오로 녹화하거나 사진으로 촬영하는 것에 만족하고 있습니다. 또 아기가 세상으로 나오는 바로 그 순간에는 분만실에서 나가고 싶어하는 아버지들도 있는데, 이런 경우에는 아버지들의 신중한 태도를 존중해 주어야 합니다.

아기가 나오는 바로 그 순간은 전문가인 우리들에게도 아주 폭력적입니다. 따라서 그 순간에 몇몇 남자들이 자신의 아내에 대해 느끼는 성적 매력에 깊은 손상을 입을 수 있다는 사실을 이해해 주어야만 합니다. 하지만 위생포에 싸인 갓난아기를 품에 안고 있는 초보 아빠의 모습은 얼마나 감동적인지! 나는 아버지가 갓난아기와 둘만의 시간을 보낼 수 있도록, 막 제왕절개수술을 끝낸 산모가 있는 수술실에서 자리를 비켜 주곤 합니다. 그럴 때면 아버지들은 감동의 눈물을 흘리기도 합니다. 앞으로 평생 동안 자신의 안내자이자 지지자가 되어 줄 사람을 향해 눈을 반쯤 뜨고 있는, 여전히 끈적끈적한 태지(태아의 살갗에서 분비되는 기름. 양수가 침습하지 못하도록 하고 분만을 쉽게 한다─옮긴이)로 뒤덮여 있는 아기의 혼란스러운 시선을 마주하며 흘러내리는 눈물은 얼마나 아름다운지 모릅니다.

그렇다면 출산 후에는 어떨까요? 이미 30년 전에 프랑수아즈 돌토는 이렇게 항변하였습니다. "아버지의 경우에는 자신의 일이나 다른 자녀를 돌보는 일, 산부인과와의 먼 거리 등을 핑계로 막 출산한 아내를 아주 잠깐씩만 방문하고 만다. 제대로 대화를 나눌 시간도 갖지 못하고 말이다. 더구나 병원 의료진의 관리 대상이 되어버린 자신의 아들 혹은 딸과는 제대로 접촉도 하지 못하고 있다. 아기와 아기 어머니의 건강 상태가 양호하다면, 모든 사람이 그를 축복해 줄 것이다. 하지만 사실 그 순간에 가장 실망스러운 사람은 바로 아버지일 것이다."

저명한 학자들의 이러한 주장에도 불구하고 30년 동안 아무런 변화가 없었습니다. 아버지가 방문객이나 기저귀 배달꾼의 역할에 그치지 않고, 자신의 아기와 진정으로 함께 할 수 있도록 아내의 병실에 그를 위한 편안한 잠자리를 마련해 주는 일은 극히 드뭅니다.

지금까지 우리는 아버지가 분만 과정에 참여할 수 있도록 많은 투쟁을 벌여왔습니다. 하지만 이제는 아버지가 분만 후 처음 며칠 밤을 자신의 아내와 함께 지낼 수 있도록 2인실을 만들어야 한다고 투쟁을 벌여야 할지도 모르겠습니다. 그 시기의 아버지의 존재는 분만 때만큼이나 중요하기 때문입니다. 그렇다면 왜 아버지들은 산부인과에서의 부부 침대에 대한 권리나 필요성을 주장하지 못하는 것일까요? 아이는 두 사람이 함께 만들었습니다. 하지만 산부인과에 도착한 순간부터 부부는 갈라지고, 아기는 어머니하고만 있게 되지요. 만일 아버지가 이러한 생이별을 그대로 받아들인다면, 그것은 아기를 보살피는 일이 전적으로 어머니의 일이라고 인정하는 것과 같습니다.

대부분의 산부인과는 흔들리지 않는 요람에 재우기 위해 아기를 어머니로부터 떼어놓는 것만큼이나 엄격한 원칙을 내세워 아버지를 어머니로부터 떼어놓습니다. 아버지가 산부인과에서 아내와 성관계라도 가지려 할까 봐 두려워서일까요? 출산이라는 마법과 같은 순간에도 아버지에게는 교미에 대한 권리밖에 없을까요? 출산에 대한 두려움이나 공포, 감정을 공유하고, 아기의 첫 몸짓, 첫 호흡을 지켜보는 배우자로서의 권리는 없을까요?

아버지는 아기를 자신의 몸 속에 품어본 적이 없기 때문에 산부인과에 부부실을 마련하는 것이 더욱 절실하게 필요합니다. 초기의 접촉은 아버지와 아기 사이에 보다 깊은 친밀감을 만들어 줍니다. 처음 며칠 밤을 함께 함으로써, 아버지와 아기 사이에 사랑의 감정은 더욱 빨리 전달될 것입니다. 이런 과정을 통해서 아버지는 아기를 더욱 사랑하게 될 뿐만 아니라, 아기가 살아가는 동안 아기를 책임지는 데에 보다 큰 의욕을 느낍니다. 다시 말하면 자신의 아내가 어머니 역할을 하는 것을 잘 도울 수 있다는 거죠. 아기는 자신을 어머니의 일부라고 인식하고 있습니다. 따라서 아버지는 자신의 아내를 보호해 줌으로써 아기를 보호할 수 있습니다. 즉 아기는 아버지가 어머니를 보호해 줄 때, 자신이 아버지로부터 사랑받고 있다고 느낍니다.

아버지는 '제2의 어머니'가 아니다

아버지가 아이를 돌보는 일에 참여하는 것 역시 아버지와 아이의 관계에 영향을 미칩니다. 오스트레일리아에서 발표된 한 연구는 아버지가 처음부터 기저귀를 갈아 주고, 목욕을 시켜 주고, 잠을 재워 준 아기들과, 아버지로부터 그러한 보살핌을 전혀 받지 못한 아기들을 비교하였습니다. 이 두 경우에 아버지와 아기의 관계는 매우 다르게 나타났습니다. 아버지가 기저귀를 갈아 주고 목욕을 시켜 준 아기들은 생후 3개월이 되자 아버지와 더욱 활발한 커뮤니케이션을 하면서 아버지를 가까이 하려 했으며, 아버지의 시선을 찾는다거나 아버지의 시선에 보다 빨리 미소나 소리로 대답하는 등 아버지에게 긍정적인 신호를 보냈습니다. 이러한 아이들의 아버지 역시 아이들이 보내는 신호를 다른 누구보다 빨리 알아차렸으며, 아이들의 애정 표현에 더욱 민감하였습니다.

카트린 돌토–톨리슈(Catherine Dolto-Tolich)가 격찬한 바와 같이, 이와 같은 아버지의 육아에 대한 적극적인 참여는 촉진(觸診)에 의한 태아 진단법과 같은 효과가 있습니다. 어머니의 배를 통해서 태동으로 아버지와 아기가 만나는 일은 예비 아빠를 아이의 성장에 끌어들이기도 합니다. 이런 방법을 통해서 태아와의 접촉을 많이 시도한 부부가 보다 결속력이 있으며, 출산 후 몇 년 동안 아버지가 육아에 보다 많은 관심을 가지게 됩니다. 아기의 태동을 느껴보면서 아기의 존재를 미리 인정하기 때문일까요, 아니면 촉진에 의한 태아 진단법 그 자체 덕분일까요? 그 이유가 무엇이든지간에 아내의 배를 만지며 태아와의 접촉을 시도하는 아버지의 모습은 분명합니다. 그들은 다른 누구보다 아기가 보내는 메시지에 관심이 있으며 민감할 뿐만 아니라, 아기가 만 한 살에서 세 살이 될 때까지 한밤중에 깨어나 울거나 화를 내거나 끝없는 호기심을 나타낼 때에도 보다 큰 인내심과 이해심을 보여 줍니다. 사실 특히 이 기간에 아기 어머니가 아기와 남편의 욕구 사이에서 갈팡질팡하다 위기에 처하는 부부들도 많습니다. 따라서 이러한 상황에서는 아기 아버지의 협조와 이해만이 세 사람의 조화를 이루어낼 수 있습니다.

'초보 아빠들'에 관한 여러 이론들이 아버지의 육아 참여의 중요성을 강조한다 하더라도, 나는 아버지의 역할이 '제2의 어머니'의 역할이 되어서는 안 된다는 사실을 분명히 지적하고 싶습니다. 하지만 그러한 개념이 이미 보편화되어 있는 듯합니다. 이런 말을 하는 여자들이 종종 있습니다. "나는 남편도 아기에게 우유를 먹일 수 있도록 모유 수유를 하지 않아요." 하지만 아기가 원하는 것은 두 명의 어머니를 가지는 것이 아닙니다. 아기는 아버지가 보호자로서 어머니와 자신을 함께 감싸 안아 주기를 바랍니다.

그러므로 어떤 대가를 치르더라도 아버지를 모성적인 아버지로 바꿔놓겠다는 바람은 버려야 합니다. 요즘의 이러한 경향은 정말 어리석고 어처구니없는 것입니다. 아버지의 역할은 어머니를 보호하고, 그녀를 어머니로서 그리고 여자로서 그 가치를 인정해 주는 것입니다. 각자에게는 나름의 위치가 있습니다. 아이에게 가장 좋은 아버지는 어머니 같은 아버지가 아니라, 어머니를 사랑하고 보호해 주는 아버지입니다! 나는 자신의 의사를 표현할 수 있는 나이의 아이들에게 이런 말들을 매일 듣습니다. 만일 부모가 서로를 경쟁자로 생각하거나, 아버지가 어머니만큼 모성적으로 행동하려 한다면, 아이는 심각한 정체성의 혼란에 빠질 수 있습니다. 어머니를 비방하거나 무시하면서 아버지로서의 자리를 지키고 싶어하는 아버지는 파멸을 자초하는 것입니다. 돌토는 이에 관해 확신에 찬 목소리로 말했습니다.

"아버지가 자신의 아기를 돌보지 않는 것은 사물의 이치에 부합하는 일이다. 육아는 남자의 일이 아니다. 아기가 걸을 수 있는 나이, 즉 생후 10개월쯤 되어야 남성적인 남자들은 아기를 돌본다. 아기를 돌보는 남자들은 대부분 여성적이라는 특징이 있다."

도널드 위니캇은 한정된 기간 육아의 역할을 맡는다는 조건하에서라면 아버지들이 '좋은 어머니'가 될 수도 있다는 사실을 인정하였습니다. 하지만 아버지들의 책임은 '모성적인 보살핌으로 그 본질이나 속성이 규정될 수 있는, 어머니와 아기의 관계에 끼어들 수 있는 모든 것'으로부터 어머니와 아기를 보호해 주는 것이라는 사실을 강조하였습니다. 어머니는 아기와 상호 작용을 하고픈 욕구를 본능적으로 느끼며, 아버지는 어머니와 아이가 누리는 평화에 방해가 될 수 있는 모든 것으로부터 그들을 보호해 주어야 합니다. 이해심이 깊은 동반자로부터 지지받을 때, 어머니는 아이를 위해 만들고 있는 보호막에 집중할 수 있습니다. 어머니와 아이의 관계는 처음 몇 달 동안에는 너무도 강렬하기 때문에, 어머니가 아이에게 모든 관심을 집중시키는 것은 자연스러운 일입니다. 성숙한 부성애를 가진 아버지라면, 그러한 사실에 질투하지 않고 두 사람이 만들어내는 이중주를 지켜주면서 행복을 느끼겠지요.

요약하자면, 나는 아버지가 어머니처럼 아기를 돌볼 수 없다고 말하고자 하는 것이 아닙니다. 남자들은 대부분의 평범한 일은 여자들이 해야 한다는 어리석은 생각을 가지고 있습니다. 혹은 여자들이 하는 일은 다 평범하다고 생각하지요. 내 생각에 육아의 분담은 이렇게 이루어져야 합니다. 아기가 태어난 처음 몇 달 동안 아버지는 어머니가 가사에 전혀 신경 쓰지 않고 아기의 욕구에 집중할 수 있도록 배려해 주어야 합니다. 그리고 시간이 흘러서 아기가 몸을 가누고 놀 수 있게 되면, 아버지는 아기의 끝없는 요구로부터 어머니를 구해 주어야 합니다.

아버지의 자리를 만들어 주는 것은 어머니?

아기가 누구보다 어머니에게 기대고 싶어하는 것은 강력한 본능적인 이끌림에 의해서라는 사실을 이미 살펴보았습니다. 아버지는 이들을 보호하지요. 이러한 상황은 여러 달 동안 지속됩니다. 위니캇이 이미 그렇게 말했으며, 여기에 돌토의 말을 덧붙이자면 이렇습니다. "모든 경우에 아버지가 아주 일찍부터 등장하는 것이 과연 좋을지에 대해서는 확신할 수 없다. ……어머니는 자신이 원한다면 남편을 등장시킬 수 있다."

이러한 주장에 따르면, 일반적으로 아버지가 자신의 자리를 차지하고 자신의 역할을 수행할 수 있는 것은 전적으로 어머니에게 달려 있다는 얘기가 됩니다. 사실 처음에 아기는 어머니에 의해서 아버지의 존재를 인식합니다. 아기가 울면 어머니가 달래 줍니다. "그래, 그래, 엄마야!" "엄마 여기 있단다!" "내가 왔어" "나 여기 있단다." 마찬가지 방식으로 어머니는 아버지를 끌어들입니다. "여기 아빠다! 아빠가 왔어! 이제 아빠와 함께 놀 수 있어!" 이런 방식을 통해서 아기는 자신의 영역을 넓혀 나갑니다. 하지만 그 중심에는 늘 어머니가 있습니다.

프랑수아즈 돌토는 다음과 같이 말했습니다. "아기의 영역은 어머니 중심의 상태에서 어머니-아버지 중심의 상태로 바뀐다." 어머니는 아버지를 끌어들인 것과 같은 방식으로 제3자를 끌어들입니다. 이 이론은 꽤 지지를 받았지만 보다 최근에는 다른 학자들이 만일 아버지가 어머니의 생각이나 관심 속에 분명하고 확실하게 자리잡고 있다면 아버지의 실제 존재가 반드시 필요한 것은 아니라는 이론을 내세웠습니다. 하지만 내 생각에 최근의 이러한 이론은 아버지의 존재를 전적으로 어머니와 결부시켜 생각할 뿐, 아버지 역할의 특수성을 전혀 고려하지 않은 듯합니다.

같은 시기에 또 다른 학자들은 여자들이 지나친 소유욕 때문에 남자들이 아버지로서의 제기능을 수행하기를 원치 않는다고 비난했습니다. 하지만 실제로 어머니들의 일상적인 활동을 지켜보면 그와 같은 절대 권력에 대한 광기는 전혀 어울리지 않습니다. 여자들은 오늘날의 직업적인 평등이나 정치적인 평등을 당연하게 생각하고 있으며, 부모로서의 권한이나 가사에 대한 권한 역시 당연히 공유해야 한다고 생각합니다. 오히려 이러한 분야에 남자들이 참여하지 않는다고 불평하는 여자들이 훨씬 더 많습니다. 초보 아빠들에 대한 사회학적 설문 조사에서 살펴보았듯이 말이죠.

여자들이 남자들에게 자리를 내어 주면서 힘들어할 수 있다는 것 역시 가능한 이야기입니다. 그런 경우는 주로 아이들에 대한 어머니로서의 죄책감이 상대적으로 클 때입니다. 또는 과거에 상처받은 적이 있기 때문에, 자신의 아이들을 보살피면서 자신의 어린 시절의 상처를 보상받으려고 하는 어머니들의 경우이기도 합니다. 하지만 이러한 경우라면 그녀의 배우자가 자신의 역할을 보다 잘 수행해야 합니다. 어린 시절의 상처를 간직하고 있는 어머니일수록 자신의 역할에서 가치를 인정받고 자신의 배우자로부터 신뢰를 얻어야 합니다. 그래야만 그녀의 배우자가 그녀와 아이가 맺고 있는 관계 속으로 훨씬 더 쉽게 들어갈 수 있으며, 이 관계가 점차적으로 세 사람의 관계로 자리잡을 수 있을 것입니다. 어머니와 아기의 관계를 보호해 줄 수 있는 아버지일수록, 그들의 관계 속으로 보다 쉽게 들어가고 초대받는다는 사실은 이미 수없이 관찰되었습니다.

남자들은 또한 출산 후 몸매나 성적인 능력에 대한 여자들의 근심을 무시해서는 안 됩니다. 나는 수많은 젊은 여자들이 출산 직후에 남편으로부터 배신당하는 경우를 보아왔습니다. 그러면 그녀는 자신감에 치유하기 힘든 깊은 상처를 입을 수 있습니다. 산후 우울증의 우려가 있는 산후 기간에 대부분의 여자들이 육체적인 자신감을 잃어버리기 때문이지요. 여자들은 자신의 늘어지고 물렁물렁한 배와 부풀어오른 가슴과 찢어진 회음부가 과연 원래의 모습을 되찾아 남자들을 기쁘게 해줄 수 있을지 의문스러워합니다. 물론 모든 젊은 어머니들은 성적인 매력을 회복합니다. 다만 시간이 약간 걸릴 뿐이지요.

그런데 남편이 그 시간을 참고 기다려 주지 않으면, 아내가 예전의 모습을 회복할 것이라고 믿지 않고 다른 여자에게 눈길을 준다면, 여자는 어머니로서의 정체성을 거부하고, 또한 남편에게 진정한 부성애를 부여할 수 없을 것입니다. 그런 처지의 한 여자가 나에게 이런 말을 한 적이 있습니다. "막 자신의 아기를 낳아 준 여자를 모욕하는 남자가 과연 좋은 아빠가 될 수 있을까요?"

우리가 이미 살펴보았듯이, 초보 엄마의 최고 관심사는 임신 전의 몸매를 회복하는 것이 아닙니다. 그러므로 출산 후 넉 달이 지난 무렵부터 남편이 아내를 도와 주는 것도 좋은 방법입니다. 아내가 해수 요법이나 마사지를 받으러 갈 수 있도록 배려하거나, 옷을 입고 화장하는 것을 도와 주거나, 꽃을 선물하는 등으로 말이죠.

이러한 행동이나 보조 요법의 도움으로, 여자들은 자신이 성적인 능력을 회복하고 있다고 느끼게 됩니다. 여자들은 그러한 남편에게 무한한 감사를 느끼고, 자신을 회복시켜 준 이 남자에게 굳게 결속되어 있다고 느낍니다. 어머니로서뿐만 아니라 여자로서 만족감을 느끼는 어머니가 자발적으로 아이와 아버지의 관계를 증진시킨다는 것은 분명한 사실입니다. 그러한 어머니라면 심지어 아기와 단둘이 외출하고 싶을 때에도 아기를 아버지와 산책 보낼 수 있을 것입니다.

다음은 나의 '부부간 협력 처방'입니다.

• 일주일에 한 번씩 외식을 하면서 서로 마주할 기회를 가져라. 집에서는 두 사람이 진심 어린 대화를 나누기보다는 가사에 더욱 몰두하기 쉽다. 서로 마주한 두 사람은 직장 문제나 심리 상태, 감정 문제 등, 친구들과 식사할 때는 말할 수 없었던 것들을 보다 친밀한 분위기 속에서 이야기할 수 있을 것이다.

• 당신의 아기가 생후 2개월에서 6개월이 될 때까지 한 달에 한 번 정도 주말 외출을 즐겨라.

• 그리고 그후에는 6개월마다 한 주 정도로 부부만의 여행을 계획하라.

그러고 나면 당신 두 사람 모두 나머지 시간 동안에는 아기를 진심으로 잘 보살피게 될 것입니다.

어쩌면 당신은 이러한 처방을 문자 그대로는 따를 수 없을지도 모릅니다. 하지만 이는 아기를 너무나 사랑하면서도 부부끼리만 있고 싶은 욕구를 느끼면서 동시에 아기에 대한 죄책감을 느낄 때 유용할 것입니다.

어머니가 어떤 방법을 통해서 아버지를 아기 곁으로 끌어들일

지 고민하는 대신, 자신을 보호해 주는 배우자와의 진정한 협력 관계가 아기를 자연스럽게 아버지의 품으로 밀어넣을 것이라는 확신을 갖는 편이 더 낫습니다. 따라서 너무 조급해 하지 말고, 어머니가 본능적으로 느끼는 각 단계를 존중해 줄 필요가 있습니다. 대부분의 어머니들이 처음 몇 달 동안 과민한 것은 극히 정상적이라는 사실은 아무리 강조해도 지나치지 않습니다. 그리고 시간이 지나면서 어머니들은 서서히 아기만을 향해 있던 팔을 밖으로 뻗어 아버지를 불러들입니다. 하지만 그 시기는 어머니가 자신의 남편이나 아기로부터 받는 신호에 따라 차이가 있습니다. 따라서 나는 어머니들이 아기에 대한 독점욕에 따라 움직인다는, 오늘날 너무도 만연해 있는 이론들에 반론을 제기하고 싶습니다.

어머니는 달래고 아버지는 자극하고

"어머니는 보살펴 주고 아버지는 놀아 준다." 미국의 소아과 의사인 T. 베리 브래즐턴(T. Berry Brazelton)이 한 말입니다. 나는 그의 말에 전적으로 동의합니다. 아기에게 어머니는 달래고 아버지는 자극을 주는 역할을 합니다. 아기의 기저귀를 채워 주는 어머니와 아버지의 모습을 각각 녹화한 비디오를 보면, 남자와 여자 사이에는 분명한 차이가 있다는 사실을 관찰할 수 있습니다. 그것은 그들이 각각 갓난아기와 맺고 있는 관계 때문이 아니라, 그들 각각의 근육의 힘과 관련이 있습니다. 어머니는 감싸는 동작을 많이 하는 반면 아버지는 마치 축구공처럼 굴리는 동작을 많이 하면서 기저귀를 갈아 주었습니다.

아버지의 동작은 때로 극단적인 상황으로 이어질 수도 있는 놀이와도 같은 것이어서 어머니들은 종종 이렇게 소리치곤 합니다. "조심해요! 아기가 다치겠어요!" 장담하건대, 나는 기저귀를 갈아 주다가 아기를 다치게 하는 아버지를 한번도 본 적이 없습니다. 하지만 아버지는 아기에게 움직이도록 자극을 주는 데에, 어머니는 아기를 달래는 데에 훨씬 능하다는 것은 사실입니다. 어머니들은 보다 시각적이고 수월하게 언어적 커뮤니케이션 수단을 사용합니다. 그에 비해 아버지들은 보다 촉각적이며 유희적이지요. 태어나면서부터 아기는 부모 양쪽이 각각 다른 방식으로 자신을 다룬다는 사실을 인식합니다.

우리는 또한 아버지와 어머니가 생후 3개월 된 아기를 부르는 방식을 비교해 보았습니다. 어머니들은 흔히 '귀여운 내 아가' 등으로 부르는 반면에 아버지들은 아기의 이름을 더 자주 불렀습니다. 특히 남자 아기인 경우에 아버지들은 아기를 인격체로 대하면서 아기의 교육에 참여하였습니다. 일반적으로 어머니와 아버지가 아기를 다루는 방식 역시 이렇습니다.

아기가 생후 9개월쯤 되면, 아버지들은 아기가 기거나 걷도록 자극하고 아기에게 결투를 신청하기도 하면서, 아기의 운동 능력을 개발하거나 운동 자율성을 촉진시킵니다. 놀이를 통해서 아버지는 경기 규칙을 정하거나 승자와 패자를 결정짓는 심판이 되기도 하고 적이 되기도 합니다. 아버지는 아기에게 일찍부터 모험의 개념을 가르치는 것입니다. 이렇게 놀아 주고 활력을 주는 역할을 통해서 아버지는 아기로 하여금 사회에 적응할 수 있도록 준비시킵니다. 어머니는 이미 설정된 규칙을 잘 지키고 이성적인 반면에, 아버지는 이러한 규칙을 어기기도 하면서 아기를 놀이의 세계로 데려갑니다. 아버지와 어린아이는 거실에서 축구를 하고 있고 어머니는 물건이 깨질까 봐 두려워하며 소리를 지르는 광경은 누구나 쉽게 상상할 수 있습니다. 아이는 부모의 이러한 불일치를 재미있어 하면서, 이런 과정을 통해 미래에 있을 오락 시간이나 사회에서 경험할 불합리한 사건을 준비합니다. 이러한 자극은 아주 중요합니다. 편모슬하에서 자란 아이들은 다른 아이들보다 사회에 나가서 더 큰 혼란을 느끼게 되는데, 그것은 어머니가 가르쳐 준 것만큼 바깥 세상이 늘 논리적인 것은 아니기 때문입니다.

아버지는 어머니와 아이를 떼어놓는 수단인가?

사람들은 어머니들이 아기가 아주 어릴 때부터 분리에 대한 욕구를 느끼지 않는다며 비난해 왔기 때문에, 여러 심리학자들이 공통으로 말하는, 아버지가 어머니와 아기를 분리하는 결정적인 역할을 한다는 이론이 그다지 놀랍지 않을 것입니다. "아버지는 어머니나 아이에게 '안 돼'라며 부정이나 금기에 대해서 말해 주는 사람이다. 즉 가능성의 한계를 정해 주는 사람이다."

나 역시 어머니와 아이가 지나치게 오랫동안 결합된 상태로 지내지 않도록 하는 데 아버지의 필요성이나 중요성에 대해서는 다시 검토해 볼 필요도 없다고 생각합니다. 하지만 내가 강조하고 싶은 문제는 아버지에게 너무 일찍부터 아이의 인생에 개입하도록 요구한다는 것입니다. 우리는 갓난아이를 부모와 같은 방에서 재우지도 않으며, 아이가 여전히 젖을 먹어야 할 나이인데도 오이디푸스 콤플렉스라도 작용할까 봐 아버지가 빨리 나서서 그것을 금지해 주기를 기대합니다! 어머니가 필요성을 느끼는 한 어머니와 아이의 결합된 상태는 존중받아야 합니다.

80퍼센트의 여자들이 자신의 배우자 곁에서 여자로서의 삶을 되찾고 싶어한다는 사실을 잊지 마십시오. 분리자로서의 아버지는 아기가 태어난 지 3년이 지난 무렵에 개입하는 것으로 충분합니다. 사실 아기가 자신의 위치는 어머니와 결합된 상태로의 것이 아니고, 자신이 어머니의 남편이 아니며, 바로 아버지가 어머니와 부부 관계를 형성하기 위해 존재한다는 사실을 깨닫게 되는 시기가 바로 이때이기 때문입니다. 어머니와 아이 사이를 아주 자연스럽게 떼어놓을 수 있는 것은 아버지와 어머니 사이의 조화와 협조입니다. 아이는 어머니가 항상 자신의 부름에 반응하는 것은 아니며, 어머니는 아버지의 부름에도 반응하느라 바쁘다는 사실을 서서히 깨닫습니다. 커가면서 아이는 자신이 어머니의 독점적인 관심의 대상이 아니며, 아버지와 어머니가 서로 사랑하는 부부이고 바로 거기에서 자신이 비롯되었다는 사실을 알게 됩니다. 아이가 자신이 어머니의 남편 혹은 아버지의 아내가 될 수 없다는 사실을 깨닫고, 오이디푸스 콤플렉스에서 벗어나 자신의 결정적 위치를 찾는 것은 만 일곱 살 무렵입니다. 그때쯤이면 아이는 어머니를 더 이상 성적인 대상으로 보기를 거부하고, 부모를 관능적인 차원에서 보지 않습니다.

아버지는 분리자입니다. 이것은 거부할 수 없는 사실입니다. 몇 년 전에 나는 여러 부족 출신의 아프리카 여성들에게 젖을 떼는 날짜를 어떻게 정하는지 물어본 적이 있습니다. 지방이나 부족의 풍습에 달려 있다는 대답을 기대했지요. 하지만 대부분은 이렇게 말했습니다. "아이 아버지가 결정해 주는 날짜죠!" 분리자로서의 아버지의 역할은 아버지가 아내에게 더 깊은 이해와 관심과 애정을 보여 줄 때 아내로부터 보다 잘 받아들여질 것입니다.

　남자들은 출산 후의 성적인 금욕 기간, 보다 정확히 말하면 성적인 욕구를 거의 느끼지 못할 아내에 미리 대비해야 합니다. 사실 출산 후 여자의 성욕이 완전히 사라지거나 불감증이 생기는 것은 아닙니다. 단지 좀더 애정 어린 협조가 필요할 뿐입니다. 이러한 사실을 미리 알고 있는 남편이라면 자신의 욕구를 채우기 위해서 다른 여자를 찾는 등의 행동으로 부부 관계를 위기로 몰지는 않겠지요. 오히려 보다 섬세한 애정이나 관심, 혹은 선물 등을 통해서 성생활이 평화롭게 회복되기를 준비할 수도 있습니다. 반면 초조한 마음에 자신의 권리를 주장한다면 초보 엄마의 육체적인 거부 기간을 더욱 연장시킬 수도 있습니다. 이러한 충고들은 매우 명백해 보이지만 자신의 아내가 과연 정상적인 성생활을 회복할 수 있을지 걱정하면서 큰 혼란에 빠지는 초보 아빠들이 종종 있습니다. 그들은 정말로 통제할 수 없는 충동을 느끼는 것이 아니라, 단지 남편으로서 자신의 위치가 변함없다는 사실을 확신하고 싶어서 초조해 하는 것입니다.

　아이로 하여금 그가 어머니와 하나가 아니며 어머니는 아버지와 또 다른 강력한 관계를 형성하고 있다는 사실을 깨닫게 해줄 수 있는 것은 성생활의 평화로운 회복, 침대에서 부부 둘만의 늦은 아침 식사를 즐기고 싶은 욕구, 부부만의 외식을 하고픈 바람

등을 통해서입니다. 어머니-아버지-아이의 관계는 이렇게 해서 서서히 자리를 잡아갑니다. 아버지가 갑작스러운 분리를 강요하지 않더라도 말이죠.

태어난 지 처음 아홉 달 동안 아이는 서서히 이 특별한 두 사람의 파트너 각각에 대해서 적합한 행동을 할 수 있게 됩니다. 아버지가 아이뿐만 아니라 어머니에게도 마음을 쏟을수록, 아기는 자신의 감정을 부모 각각과 더 잘 공유할 수 있습니다. 이중주곡이 삼중주곡으로 변하는 것입니다.

아버지에게 아기가 태어난 지 처음 몇 개월 동안에는 모성적인 역할을 강요하고, 그 다음에는 너무 일찍부터 분리자 혹은 권위자의 역할을 강요하는 독단적인 계획표는 심히 유감스럽습니다. 오늘날 저명한 심리학자들이 쓴 아버지의 역할에 관한 여러 저서들의 그 첫 장만 읽어보아도 아이들에게 있어서 어머니 곁에 있는 아버지의 존재가 얼마나 중요한지 알 수 있습니다.

아버지는 자신의 아내에 대한 애정 어린 지지를 통해서 아이의 성장에 영향을 끼칩니다. 아버지의 행동은 간접적이지만, 그렇게 해서 가장 강력한 힘을 발휘하는 것입니다. 일단 아내가 어머니가 되고 나면 더 이상 여자가 아니라고 생각하는 남자들은 남편뿐만 아니라 부모로서의 역할까지 위기에 빠뜨릴 수 있습니다.

아버지는 권위를 상징하는가?

"굉장히 폭력적인 몇몇 청소년들을 보면, 그들의 어머니가 자신의 소중한 아이를 도대체 어떻게 키웠는지 의문스러워진다. 사실, 혼자 살면서 자신의 아이가 사랑받지 못하고 있다고 느낄까 봐 아이를 벌주거나 때리지 못하는 어머니 밑에서 자란 아이들은 열두 살이나 열네 살이 되면 어른을 우습게 아는 청소년이 되기 쉽다."

여기에 인용된 크리스티안 올리비에의 극단적인 비난은 단지 일반적인 생각을 표현하고 있을 뿐입니다. 오늘날의 어머니들은 아버지의 권위와 아이 사이에 개입하려고 하며, 이러한 점에서 어머니들이 폭력의 증대에 책임이 있다고 할 수 있습니다. 요즘의 심리학자들은 아버지가 가정과 사회의 공유 영역에서 자신의 역할을 제대로 수행하지 못하고 있다는 사실을 강조합니다. 하지만 이것은 내가 30년 동안 관찰해 온 사실과는 전혀 다릅니다.

아이들의 아버지가 권위 있게 자신을 지지해 주지 않으며, 아이들이 서로 싸우거나 숙제를 하지 않거나 금기 사항을 위반해도 화를 내지 않는다고 불평하는 어머니들이 아주 많습니다. 이처럼 어머니가 아버지보다 더 권위적인 경우가 많으며, 내 생각에는 전혀 타당하지 않지만, 수많은 어머니들은 이런 권위적인 행동이 아버지의 역할임을 은연중에 표현하고 있습니다. 분명

아버지의 역할은 집으로 돌아와서 아이들에게 소리를 지르거나 때리는 것이 아닙니다.

'벌주는 아버지'가 최선의 아버지는 아닙니다. 자신의 아이와 느끼는 친밀감이 커질수록 남자들은 예전에 비해서 아버지로서의 권위를 행사하는 데 더욱 어려움을 느낍니다. 전통적인 권위를 강요하고 싶어하지 않는 아버지의 숫자가 점점 더 늘어나고 있습니다. 그들은 나폴레옹 법전이 가장에게 부과한, 교정에 대한 권리를 더 이상 행사하기 싫어하며, 자신의 아이들에게 애정과 협조를 보내고 싶어합니다. "우리 남자들은 더 이상 경찰 노릇을 하고 싶지 않습니다! 나는 때로 나약하다는 비난을 받기도 하지만, 남자들의 역할이 변했다고 말하면서 스스로를 위로하고 있습니다. 우리는 더 이상 예전과 같은 아버지가 아닙니다."

우리가 이미 살펴보았듯이, 인생의 처음 몇 년 동안 어린 자식으로부터 어머니를 분리시키는 역할을 하는 것은 아버지입니다. 다시 말하면 아버지는 근친상간을 금지시키고 그럼으로써 오이디푸스적인 위기를 해결하는 것입니다. 그는 이러한 기본적인 법칙의 대변인입니다. 만일 아버지가 '엄마는 아빠의 연인이다'라는 사실을 명백히 밝히지 않으면, 아이는 근친상간적인 유혹의 포로로 남을 것이고, 그래서 어머니로부터 분리되지 못한 채 혼란 상태에 빠집니다. 이와 같은 이유 때문에 아버지는 권위를 표출하는 일을 어머니에게 맡기고 뒤로 물러나 있을 수 없는 것입니다. 하지만 다음 말에 주의를 기울여야 합니다. "권위는 권위주의도, 남성우월주의도 아니다."

수많은 연구 자료에 따르면, 자신의 아이에게 친절의 중요성을 분명하게 설명해 주고, 다른 사람의 권리를 존중하도록 강조하고, 공격적인 행동을 금지시키는, 애정 넘치고 이해심 깊은 부모 밑에서 자란 아이들은 다른 사람에게 정중하고 호의적인 것으로 나타났습니다. 우리가 충분히 짐작할 수 있듯이, 폭력적인 부모 밑에서 자란 아이들은, 그들이 어떤 종류의 폭력을 경험하건간에, 역시 혼란스럽고 폭력적인 관계 속에서 살아갑니다. 미국의 소아과 의사들이 8년 동안 800가구를 대상으로 실시한 연구 결과에 따르면, 체벌을 많이 받은 아이일수록 교활하고 거짓말을 잘하며 공격적이고 사회적으로 소외당하는 경우가 많다고 합니다!

아버지의 폭력적이고 비난하는 듯한 말투는 아이의 자신감을 손상시킬 뿐만 아니라, 극도의 공포증과 같은 신경증이나 비뚤어진 행동을 야기하기도 합니다. 학대받은 아이들은 힘든 상황에 처해 있는 사람들을 쉽게 돕지 못하며, 대부분의 경우 공격적이지 않으면 적어도 무관심한 성격의 성인으로 성장합니다. 그러므로 따귀를 때리는 것과 같은 일은 일어나지 않아야 하며, 어떠한 경우에도 교육적인 목적으로 사용되어서는 안 됩니다. 그러한 행동을 하는 사람이 아버지이건 어머니이건 말입니다. 심리학적인 관점에서 보다 인식하기 힘든 폭력일수록 아이의 정신 구조에 더욱 파괴적인 영향을 끼칩니다.

아버지뿐만 아니라 어머니 역시 권위와 권위주의를 구분할 필요가 있습니다. 아이오와 대학의 그래지나 코챈스카(Grazyna Kochanska)는 어머니들을 대상으로 이 두 가지 유형에 대한 연구를 했습니다.

'권위가 있는' 어머니 밑에서 자라고 있는 다섯 살의 아이들은 '권위주의적인' 어머니 밑에서 자라는 아이들에 비해 행동적인 문제가 적었고, 규칙을 보다 잘 지켰습니다. 권위가 있는 어머니는 아이에게 지시 사항을 보다 분명하게 전달함으로써 아이의 행동에 영향을 끼쳤습니다. 그러한 어머니는 자신이 기대하는 바를 아이에게 말해 주고, 금지 사항보다는 긍정적인 지시 사항을 강조했습니다. 이와는 반대로 권위주의적인 어머니들은 아이들에게 보다 명령적이고 부정적인 태도를 보였습니다. 비디오테이프 녹화기를 가지고 놀고 싶어하는 생후 18개월의 아기가 있다고 가정해 볼까요. 다음 두 가지 반응이 가능하겠지요.

- 당신은 아이에게 "안 돼!"라고 말하면서 아이의 흥미를 끌 만한

다른 놀이를 제안한다. 그리고는 텔레비전을 가리개로 가려놓고 아이와 함께 놀아 준다. 그러면 아이의 사고 속에는 그것이 금지된 행동이라는 사실이 각인된다.

• 당신은 "안 돼!"라고 말하면서 아이의 손을 때린다. 그리고 "심술궂게 굴지 마" 혹은 "말을 안 듣는다"라고 말해 준다. 그리고 다른 어떤 놀이도 제안해 주지 않고서, 아이가 그토록 탐험하고 싶어 하는 이 놀라운 기계 앞에 아이를 그대로 두고 자리를 떠나버린다. 당신의 아이는 다시 비디오테이프 녹화기를 향해 다가간다. 그리고 자신은 부모를 실망시키는, 말을 안 듣는 아이라고 생각한다. 그때부터 아이는 당신에게 꾸지람을 받을수록 말을 더 안 듣는 심술쟁이 역할을 하면서 당신을 더욱 자극할 것이다!

나는 또 수많은 아버지들이 누군가에게 맞고 돌아온 자신의 아이에게 자신을 방어하는 법을 배워야 한다고 가르치는 것을 들어왔습니다. 주먹으로 되돌려 주는 것보다 자신을 존중받게 할 수 있는 좋은 방법이 없을까요? 주먹은 주먹을 부르고, 싸움꾼은 싸움꾼을 찾게 마련입니다. 맞서는 것에 맛을 들이면 당신의 아이는 이와 같은 일을 앞으로 여러 번 경험하겠지요. 내가 아는 몇몇 초등학교 교사들에 따르면, 처음부터 공격적인 아이는 거의 없다고 합니다. 자신이 스스로를 지켜야 한다는 이론은 너무도 보편화되어 있었습니다. 따라서 오늘날 폭력은 힘의 원리의 영향을 받은 유치원 보모나 부모들의 부추김으로 유치원에서부터 시작되고 있는 것입니다!

부모나 교사들은 자신의 권위를 보여 주기 위해서 때로는 아이들에게 모욕감이나 수치심을 느끼게 하는 방법을 쓰기도 합니다. 하지만 이러한 방법은 절대로 의도적으로 사용되어서는 안 됩니다. 반복적으로 수치심을 느끼면, 아이들은 금지된 행동뿐만 아니라 행복감이나 자신감마저 억제하게 됩니다. 이에 관련된 연구 결과에 따르면, 권위를 부여하고자 하는 교육보다 도덕이나 이성을 자극하는 교육을 받은 아이가 자신의 행동을 통제하는 능력이 확실히 뛰어난 것으로 나타났습니다.

여기서 주의해야 할 점은 폭력의 증가로 나타날 수 있는 권위의 위기에 대한 책임을 모두 부모의 탓으로 돌려서는 안 된다는 사실입니다. 그리고 아버지가 가정과 사회의 공유 영역에서 자신의 역할을 제대로 수행하지 못한다는 비난도 멈추어야 합니다.

그렇다면 가정 내에서 아버지의 역할과 권위란 무엇일까? 앤(Ann)과 리처드 바넷(Richard Barnet)은 아이들의 감정 이입 능력, 다시 말해 다른 사람의 입장을 헤아리는 능력을 연구하였습니다. 그들의 연구 결과에 따르면, 이러한 감정 이입 능력은 태어나서 처음 몇 년 동안 받는 교육과 밀접한 관련이 있는 것으로 밝혀졌습니다. "감정 이입 능력은 아이들이 자신의 요구를 받아들일 때까지 기다려 주고, 아이들의 이성적인 요구에 대해서 사려 깊게 반응해 주는 부모 밑에서 자란 아이들에게서 두드러졌다. 이 연구 결과에 따르면, 아이에 대한 아버지의 적극적인 격려는 아이의 감정 이입 능력에 중요한 요소로 작용한다." 이것은 아버지가 없는 수많은 가정에서 생각해 볼 여지가 있는 말입니다. 부모는 교육이나 실천을 통해서 아이가 다른 사람의 입장을 생각하는 능력이나 다른 사람을 돕고자 하는 호의에 영향을 끼칩니다. 다른 사람을 배려할 줄 아는 성인들은 대부분 긍정적인 방식으로 권위 있는 교육을 받은 사람들입니다.

따라서 적절한 한도 내에서 아이의 요구를 존중해 주는, 이해심 깊은 아버지는 아이에게 다른 사람들과 긍정적이고 지속적인 관계를 형성하는 기반을 마련해 줄 수 있습니다. 인류는 이타주의 없이는 절대로 살아남을 수 없습니다. 따라서 아버지는 이러한 점에서 중요한 공헌을 한다고 할 수 있지요. 하지만 우리 사회는 인간의 행동 중에서 이타주의를 그다지 중요하게 생각하고 있지 않은 듯합니다.

몇몇 심리학자들은 인간이 규칙을 이해하고 그에 적응할 수 있는 생물학적인 자질을 가지고 태어난다는 가설을 세우기도 했습니다. 태어난 지 2년 된 아이가 벌써 부모의 규칙에 잘 동화된 모습을 보여 주는 것이 그 예라 할 수 있습니다. 어린아이들이 이미 옳고 조화롭고 적절한 것이 무엇인지를 판단할 수 있다는 사실 역시 입증되었습니다. 아이들은 자신을 돌봐 주는 어른들을 통해서 얻은 기준에 따라 평생 동안 사물이나 행동을 평가합니다. 학교에 갈 무렵이면 아이는 자신을 돌봐 준 어른과의 관계를 통해서 앞으로의 인생을 지배할 도덕적인 개념을 습득합니다.

내가 한 가지 더 강조하고 싶은 바는, 아버지가 어머니의 역할을 충분히 인정하고 있다는 사실을 아이에게 알리는 것이 무척 중요하다는 점입니다. 어머니가 존중받지 못하고 청소년이나 청년이 어머니와의 관계를 쉽게 끊어버리는 사회라면, 그 기초가 아주 불안정할 수밖에 없습니다.

어머니를 경쟁 상대로 생각하지 않고 어머니의 가치를 인정해 주는, 애정 넘치는 동반자 관계에 있는 아버지는 아이에게 토대가 되어 줄 수 있습니다. 이러한 태도는 부부가 함께 있는 상태일 때 보다 잘 수행될 수 있지만, 부부가 헤어진 상태라 하더라도 우정 어린 관계로 남아 있다면 오래 지속될 수 있습니다. 따라서 이혼한 가정이나 편모슬하에서 자란 아이가 보다 폭력적일 것이라는 관점이 전적으로 옳은 것만은 아닙니다.

4
아이의 성이
부모의 행동을 결정짓는다

아기는 중성이 아닙니다.

그들의 성은 그들에 대한 어머니의 행동,

그리고 아버지의 행동을 결정짓습니다.

물론 태어나면서부터 말이죠.

아이의 성이 부모의 행동을 결정짓는다

부모와 자식 간의 상호 작용에 관한 연구들을 통해 부모가 아기를 다루는 방식은 아기의 성별에 크게 좌우된다는 사실이 확인되었습니다. 아버지가 어머니에 비해 아기가 여자인지 남자인지에 따라 다른 측면의 발달을 야기하기 위해서 보다 제한된 행동을 합니다. 아버지는 아들인 경우에는 보다 강하고 튼튼하게 키워야 한다는 생각에서 신체적인 접촉이나 놀이, 탐험 등을 하도록 부추깁니다. 반면에 딸인 경우에는 표현력, 관계, 의존성의 관점에서 발달을 부추깁니다. 그러므로 어머니에 비해서 아버지가 성 차이에 따른 사회화의 중개인으로서 더 큰 힘을 발휘합니다. 그는 자신의 아내보다 아들과 딸의 차이점을 더 잘 이끌어냅니다.

이와 같은 아버지들의 성차별적인 교육 경향은 아이들이 성장할수록 더욱 분명해집니다. 아버지는 아들에게 육체적인 놀이나 남성적으로 여겨지는 운동을 하도록 권합니다. 중학교를 다니는 아들이 수학에서 20점 만점에 12점을 받으면 좋은 점수를 받았다면서 이공계로 진학시켜야겠다고 생각합니다. 하지만 딸이 같은 점수를 받으면 평균적인 점수를 받았다면서 인문계로 진학시키려 하지요.

하지만 실직이나 육아 휴직 등의 개인적인 이유로 아이가 태어난 후 처음 몇 년 동안 아이와 가까이 지낸 아버지일수록, 아이의 교육과 관련하여 성차별적인 경향이 덜 나타납니다. 그러한 아버지들은 아들과 딸을 같은 방식으로 생각하며, 사회적·문화적 지식의 전달에서도 차별을 두지 않는 경향이 있습니다. 뿐만 아니라 딸에 대해서 훨씬 더 사려 깊고 이해심이 많습니다. 아이를 아주 어려서부터 돌봐온 아버지라면, 자신의 사회적인 행동 역시 많이 변화합니다. 그러한 아버지는 보다 참을성이 있고 온화합니다.

그래서 나는 초보 아빠들에게 그들의 아내를 임신한 순간부터 잘 돌봐 주라고 말하고 싶습니다. 어머니 또한 출산하는 순간부터 아이의 성에 따라 어느 정도 정해진 행동을 합니다. 어머니가 아이를 바라보는 시선과 아이에게 던지는 말은 아이의 성적인 정체성을 부여합니다.

만일 어머니가 아들을 가져서 매우 행복해 하고, 방문객들에게 자랑스럽게 "내 아들, 빅토르예요!"라거나 "내 사랑스런 아들이에요!"라고 말한다면, 아이는 자신이 남자임을 분명하게 인식할 것입니다. 이와는 반대로, 의식적으로든 무의식적으로든 딸을 원했기 때문에 아들을 낳은 것이 몹시 실망스러워 이름을 쉽게 부르지 못한다면, 아들은 심리적으로 자신의 성에 대해 모호한 느낌을 가지게 됩니다. 그러므로 뱃속에 있는 아기에 대해서 어머니가 가지는 환상(아들을 원했는지, 딸을 원했는지)이 신생아의 초기 성 정체성이나 자아 개념을 이끌어갑니다.

남자 아기를 씻기는 어머니는 약간 색다른 감정을 느낄 수 있습니다. 어머니의 호르몬의 영향으로 아기의 성기가 태어나면서부터 약간 부풀어 있어서 몸의 다른 부분에 비해 약간 큰 편이라면 더욱 그러할 것입니다. 만일 아기가 그러한 어머니의 반응을 감지한다면, 어머니가 자신의 성기를 씻기기를 머뭇거린다는 사실을 알아차린다면, 아기는 태어나면서부터 다소 정확하게 자신의 성 정체성을 인식하겠지요. 갓난아기의 경우에는 하루에 적어도 여섯 번씩 기저귀를 갈아 주면서 아기의 성기를 들고 살의 접힌 부분을 닦아 주어야 합니다. 따라서 어머니는 하루에 한 번 정도 씻어 주는 아기의 몸의 다른 부분보다 성기에 더욱 주의를 기울이게 됩니다. 어머니에게 너무도 친숙한 성(性)을 가진 딸은 매끈매끈하고 특징 없는 성기를 가지고 있어서 어머니는 더욱 능숙하게 딸의 성기를 닦아 줄 수 있습니다. 따라서 어머니와 딸은 처음부터 보다 쉽게 시선과 언어를 통한 의사 소통을 합니다. 어쩌면 딸이 아들에 비해서 더 빨리 말을 하는 것은 이런 이유 때문인지도 모릅니다.

어머니는 딸에게 보다 직접적이고 보다 자연스러운 방식으로 감정을 전합니다. 또한 아들에 대해서는 자신이 가지지 못한 성에 대한 보상 심리를 느끼거나 더 높은 가치를 부여할 수 있습니다. 하지만 아들과의 관계는 또 다를 것입니다. 자신의 몸과는 너무도 다른 몸을 가진 아들에 대해서 어머니는 커다란 거리감을 느낍니다. 프로이트의 주장에 따르면, 남자아이는 어머니에게 있어서 종종 페니스의 부재를 보상해 주는 이상적인 대상입니다. 그러므로 어머니는 자신에게 없는 것을 소유하고 있는 이 육체에 특히 더 집착한다는 것입니다. 동시에 어머니는 근친상간적인 일탈 행위를 피하기 위해서 무의식적으로 행동을 자제한다고 합니다. 따라서 어머니가 아들을 보살필 때에는 딸을 보살필 때보다 커뮤니케이션이 더 줄어들 수밖에 없지요. 그렇다고 해서 아들을 덜 사랑한다거나 보살피기 힘들다는 것이 아니라, 아들과의 관계가 딸과의 관계만큼 자연스럽지 못하다는 것입니다.

그렇다면 아버지의 육아 참여는 어린 아들의 성장에 어떤 영향을 끼칠까요? 수많은 연구 결과에 따르면, 아버지와 잦은 접촉을 한 남자아이의 경우에는 아버지가 늘 곁에 있어 주지 않은 아이들에 비해서 생후 6개월부터 언어 능력이나 사물을 쥐는 능력, 시선과 손을 조화롭게 사용하는 능력 등이 더욱 빨리 발달하는 것으로 나타났습니다. 그러므로 우리는 장 르 까뮈처럼 다음과 같은 문제에 대해서 생각해 볼 필요가 있습니다. "남자아이에게 자신감을 불어넣어 주는 것이 아이의 곁에 있는 아버지의 존재 혹은 어머니의 곁에 있는 아버지의 존재라면……." 우리는 어머니에게 안정감을 주고 어머니의 가치를 인정해 주는 아버지의 영향이 얼마나 큰지 이미 알고 있으니까요.

어머니가 자신의 아이의 성별에 따라 다른 감정을 가지는 것이 분명하다 하더라도, 어머니가 자신의 아이의 성별을 결정할 수 있는 능력이 있다고 주장하는 몇몇 학자들의 지나친 확대 이론에는 공감할 수 없습니다. 심지어 나우리는 어머니가 오직 정신적인 힘만으로 자궁 속에 있는 아이의 성을 결정지을 수 있다고 확신했습니다. 자신의 딸이 자신에게 순순히 복종하지 않을까 봐 두렵거나, 그녀 자신이 어머니에게 반항적인 딸이었던 어머니가 딸을 가지기를 거부할 수도 있다는 것입니다. "그녀는 아들 넷을 두었죠. 내가 태아의 성별을 알려 준 적이 전혀 없는데도 말입니다. 네 명의 아들이라, 굉장한 고집이죠! 그녀가 어떻게 한 것일까요? 그녀는 자신의 어머니와 문제가 많지 않았을까요? 그리고 이것이 그녀의 불행한 넷째와의 사이에서 일어날 일에 영향을 주지 않았을까요? …… 따라서 그녀는 자신의 반항심의 증거로 네 명의 아들을 두었던 거죠."

우리가 마치 마법사처럼 아이의 탄생에 대한 권한뿐만 아니라 성에 대한 결정권까지 가지고 있다는 것입니다. 내가 보기에 이 이론은 어머니의 현실이나 감성과는 너무도 동떨어져 있으며 극도로 위험하기까지 합니다. 왜냐하면 이 이론의 행간에서 어머니와 딸 사이의 단절을 읽을 수 있기 때문입니다.

매일 진료실에서 여자들의 비밀 이야기를 듣는 나로서는 오늘날의 어머니들이 자신의 딸은 모든 면에서 자신을 절대로 닮지 않기를 바란다는 사실을 잘 알고 있습니다. 여자들은 단지 딸이 자신과 같은 실수를 반복하지 않기를 원합니다. 이것은 아버지도 마찬가지일 테지요. 그래서 우리는 자식을 키웁니다! 그런데 너무도 많은 심리학자들이 어머니와 딸의 관계를 단절시키려고 안달입니다. 그들은 이에 대해 막중한 책임이 있습니다. 어머니와 딸 사이의 위기가 유익한 것이라 하더라도, 둘 사이의 완전한 단절은 딸에게는 파괴적인 영향을, 어머니에게는 비극적인 영향을 끼치기 때문입니다.

심리학자들은 딸에게 자신의 어머니를 부인해서는 안 된다고 설명하면서도, 그러한 부인이 어쩔 수 없는 것이라는 부정적인 생각을 심어 줍니다. 여기서 다시 한번 초보 엄마들의 남편이 나설 차례입니다. 아내와 장모 사이의 충돌을 해결하고자 노력한다면, 그는 오늘날 너무도 잦은 세대간의 단절로부터 자신의 아이를 구할 수 있습니다. 아시아에서 행해지는 조상 숭배는 영혼들이 우리의 머리 위를 떠돌고 있다는 사실을 일깨워 줍니다. 나의 스승인 세르주 르보비시(Serge Lebovici)는 조상을 다시 발견하고 용인하는 방법의 학습을 최근 과제로 삼고 있습니다. 그에 따르면, 부모로서의 역할을 잘 수행하도록 돕는 길은 세대간의 관계를 회복시키는 것입니다.

아기는 중성이 아닙니다. 그들의 성은 그들에 대한 어머니의 행동, 그리고 아버지의 행동을 결정짓습니다. 물론 태어나면서부터 말이죠.

어머니와 아이의
친밀한 언어 세계

자신의 느낌을 말로 잘 표현해 주는 어머니를 가진 아기는
계속해서 자신의 상징 기능을 사용할 줄 압니다.
세상에 대해서 안정감을 느끼면
아기는 자신의 주위 환경과 의사 소통을 시도합니다.
어머니의 말은 아이의 일상에 의미를 부여하고,
동시에 아이는 어머니가 사용하는 언어를 배웁니다.
아이는 어머니를 모방하려 합니다.

 어머니와 아이의 친밀한 언어 세계

언어는 어머니와 아기의 본능적인 의사 소통을 특히 잘 드러내 줍니다. 우리가 자발적으로 생각하고 꿈꾸고 말하는 것은 모국어를 통해서입니다. 당신이 아이에게 건네는 말이 어떻게 아이에게 세상을 가르쳐 주고, 개별성을 부여해 주고, 심리적인 정체성을 형성해 주는지 살펴보겠습니다. 또한 아버지와의 의사 소통이 어떤 역할을 하는지도 알게 될 것입니다.

갓난아기의 선천적인 언어 능력

아이들은 태어나자마자, 심지어는 자신에게 발이 있다는 사실을 인식하기도 전에, 의사 소통을 하기 위해서 귀와 눈과 입을 긴장시킵니다. 우리는 아이들이 모국어를 이해하고 습득하고 싶어 안달한다는 것을 느낄 수 있습니다.

세상에 태어나면 아기들은 영어·불어·일어·터키어 등 모든 언어를 배울 수 있습니다. 아무리 복잡하고 까다로운 언어라도 아기들이 자유자재로 구사하는 속도나 정확성은 놀라울 따름입니다. 갓난아기들의 현상 식별 능력에 대한 연구에 따르면, 갓난아기들은 성인에 비하여 서로 다른 소리를 구분하는 능력이 훨씬 더 뛰어나다고 합니다. 따라서 갓난아기가 언어에 대한 선천적인 능력을 타고나는 것이 사실이라면, 아이가 언어를 잘 사용하는 소질은 부모나 친척, 주변 사람들로부터 듣는 이야기에 의해서 결정됩니다.

왜냐하면 언어 능력은 아주 일찍부터 특수화되기 때문입니다. 만 한 살이 되면, 아이들은 불어나 일어 등 다른 언어를 이해하고 발음하는 능력을 잃어버리고 모국어만을 인식할 수 있도록 특수화됩니다.

어머니들의 본능적인 언어

어머니들은 본능적으로 갓난아기가 인식할 수 있는 억양을 사용합니다. 어머니의 행동을 비디오테이프로 녹화한 연구 결과에 따르면, 어머니들은 자신이 느끼는 것이나 갓난아기들이 느끼는 것을 특별한 억양을 사용하여 갓난아기에게 말해 준다고 합니다. 어머니는 아기가 느끼고 있는 바를 말로 표현하면서, 아기가 자신의 느낌과 단어를 연결시킬 수 있도록 해줍니다. "그래, 내 사랑스런 아가야, 배가 아픈 모양이구나……." 그리고 아기의 걱정거리를 말로 표현하면서, 어머니 자신이 아기의 궁금증을 공유하고 있다는 사실을 보여 줍니다. "엄마 여기 있어. 엄마는 너를 잊지 않았단다……."

프랑수아즈 돌토는 아기가 어머니의 해석을 통해서 자신의 몸으로 느끼는 것에 의미를 부여한다고 말합니다. "그러므로 아이들은 유사한 긴장 상황에서 들었던 것을 자신의 기억 속에 자기(磁氣) 테이프처럼 간직하고 있다. 이렇게 완전히 무의식적인 방식으로 모국어가 새겨진다." 어머니가 자신의 아기와 행하는 모든 것에 의미가 담겨 있듯이, 말로 표현되는 언어에도 역시 의미가 담겨 있습니다. 자신의 느낌을 말로 잘 표현해 주는 어머니를 가진 아기는 계속해서 자신의 상징 기능을 사용할 줄 압니다. 세상에 대해서 안정감을 느끼면 아기는 자신의 주위 환경과 의사 소통을 시도합니다.

어머니의 말은 아이의 일상에 의미를 부여하고, 동시에 아이는 어머니가 사용하는 언어를 배웁니다. 아이는 어머니를 모방하려 합니다. 아기의 시선은 늘 어머니의 뒤를 좇고 있습니다. 놀라운 모방 능력 덕분에 아기는 자신의 후두와 발성 근육을 사용하여 어머니가 자신에게 말하는 언어와 비슷하게 음절과 리듬을 맞추어서 믿을 수 없을 정도로 다양한 억양을 구사합니다. 이처럼 아기에게 언어를 습득시키기 위해서는 어머니가 아기에게 너무도 소중한 순간에 아기와의 대화를 즐기려는 노력을 해야 할 필요가 있습니다.

어머니는 본능적으로 자신이 아기에게 전달하는 무수한 말들이 심지어 아기가 말을 할 수 있기도 전부터 아기의 인지 발달이나 감각 발달에 큰 몫을 한다는 사실을 알고 있습니다.

여기서 나는 초보 부모들에게 주의를 주고 싶습니다. 하루 종일 켜져 있는 텔레비전, 시도 때도 없이 울려대는 휴대 전화, 사무실에서 가져온 휴대용 컴퓨터와 답장을 기다리는 인터넷 메일 등, 오늘날의 정보 커뮤니케이션 사회는 부모와 자식 간의 상호작용을 더욱 뜸하게 만들고 있습니다. 인간 사이의 진정한 상호작용은 이제 하나의 선택일 뿐입니다.

아기는 단어보다 의미를 더 잘 이해한다

갓난아이가 사물을 이해하는 방식은 아주 매력적입니다. 아이는 태어나자마자 어머니가 말하는 단어의 의미를 정확히 이해하지 못한다 하더라도, 어머니가 하고자 하는 말을 감정적으로 이해합니다. 성인의 경우에는 언어와 관련하여 좌뇌가 훨씬 더 활발하게 움직이는 반면에 갓난아기의 경우에는 우뇌가 절대적으로 작용합니다. 우뇌는 이성적인 좌뇌에 비해서 감각에 보다 민감합니다. 수많은 언어학자들은 생후 1년이 안 된 아기들의 뇌의 언어에 대한 통사 구조는 의미 그 자체와는 비교적 독립적으로 감각에 의해서 움직인다고 말합니다. 따라서 아기의 언어 처리 능력은 실제 상황에 대한 감각과 관련이 있습니다.

그러므로 어머니는 음성 교환을 통하여 아기의 감정에 의미를 부여하는 노력을 게을리해서는 안 됩니다. 최근에 발표된 신경 언어학 연구 자료에 대해서, 당시에는 알지도 못했던 프랑수아즈 돌토는 대단한 예견력으로 다음과 같이 말했습니다. "아이에게 말을 하기에 너무 이른 시기란 없다." 예를 들어, 당신이 고통스러운 사건으로 힘들어하고 있다면, 당신의 아이는 이미 그 사실을 느끼고 있습니다. 침묵하는 것은 아이가 느끼는 혼란을 더욱 악화시킬 뿐입니다. 그리고 자신이 어머니에게서 느끼는 감정이 말로 표현되어지지 않기 때문에, 주위 세상이 논리적인 법칙에 따라 움직이지 않는다고 생각합니다. 반대로 당신이 지금 경험하고 있는 끔찍한 상황이나 걱정거리를 사실대로 말해 주거나 간단하게 설명해 준다면, 아이는 실제 세계를 이해하고 자신에게 적합한 기준을 획득할 수 있습니다.

아버지의 언어

이미 살펴보았듯이, 아버지는 어머니와 많은 대화를 나눌수록 어머니와 아기가 형성하고 있는 관계 속으로 보다 쉽게 들어갈 수 있습니다. 아기는 아버지를 알아보는 법을 서서히 배워 나갑니다. 최근의 관찰 자료들이 강조하는 것처럼, 아기는 아버지가 어머니와는 다른 방식으로 말을 걸어 줄 때 보다 쉽게 아버지를 식별합니다. 어머니는 자신이 아기를 잘 이해할 수 있을지 가장 걱정하는 반면에, 아버지는 아기가 자신에게 더 많은 행동을 보여 주기를 기대합니다. 아버지의 언어를 분석해 보면, 주로 아기들에게 어떤 임무의 수행과 관련된 요구를 하면서 보다 독단적인 언어를 사용하는 경향이 있습니다. 어머니에 비해서 아버지는 아기의 말을 잘 따라 하지 않으며, 아기들이 느끼는 것에 신경을 덜 쓴다고 합니다.

아버지는 또한 어머니만큼 아기의 말을 잘 해석하지도 못합니다. 그래서 아버지는 종종 아기에게 방금 했던 말을 다시 한번 명확하게 말해 보라고 요구하곤 하지요. "뭐라고? 방금 뭐라고 말한 거니?" 아버지는 아이에게 어머니만큼은 잘 통하지 않는 대화 상대자를 위하여 보다 이해하기 쉬운 언어를 사용할 것을 요구하고, 따라서 보다 관습적인 언어를 사용할 것을 강요함으로써 아이가 의사 소통을 더욱 힘들게 느끼게 합니다.

아이들 역시 부모 각각에게 기대할 수 있는 것에 맞추어 행동하게 됩니다.

• 어머니에게 아이들은 자신의 감정과 관련된 메시지를 전달하고, 어머니가 즉각적인 반응을 보여 주지 않으면 어머니의 관심을 독차지하려고 고집을 부린다. 아이들은 어머니가 자신들만의 친밀한 언어를 이해하리라는 사실을 잘 알고 있다.

• 아버지에게 그들은 자신만의 특수한 표현을 사용하는 것을 보다 빨리 포기하고, 보다 예의바른 모습을 보여 준다. 아이들은 종종 아버지에게 그로부터 가장 빈번하게 요구받는 임무 수행과 관련된 메시지를 전달한다.

아버지와 어머니의 대화 방식의 차이는 그 상대가 딸이냐 아들이냐에 따라 더욱 분명해집니다. 아버지는 딸의 요구보다 아들의 요구를 보다 주의 깊게 들어 줄 뿐만 아니라, 어머니에 비해서 아들의 말이나 행동에 더 자주 반응을 보여 줍니다.

언어 습득과 자율성

어머니와 아이의 관계는 아이에게 모국어의 구조를 제시해 줍니다. 그리고 나서 모국어를 습득하면 아이는 어머니에게 완전히 의존했던 상태에서 점차 벗어납니다. 아이가 다른 사람이 자신에게 필요한 만큼 자신도 다른 사람에게 필요하다고 느끼는 것은 모국어를 정확하게 말하면서부터입니다. 아이는 먼저 자신의 어머니에게, 그 다음에는 아버지, 형제나 자매, 낯선 사람들에게 말을 걸고 싶은 심리적인 욕구를 느낍니다. 아이는 자신의 의지, 행동, 생각을 말로 표현하면서 점점 만족감을 느낍니다.

이렇게 해서 아이는 진정한 자율성에 접근합니다. 왜냐하면 사회의 구성원들과 의사 소통할 수 있는 가능성은 아이를 모든 위협으로부터 벗어나게 해주기 때문이지요. 따라서 프랑수아즈 돌토는 다음과 같이 말했습니다. "언어는 심리적인 거세의 일부이다." 언어를 습득하면 아이는 어머니로부터 떨어질 수 있습니다. 많은 사람들에 둘러싸여 있는 아이는 세상과의 의사 소통을 통해서 자신을 발견하는 것에 매료당합니다. 모든 것이 흥미롭게 느껴지고, 모든 것에 반응하고 싶어지지요. 그리고 어머니에게 반복해서 들었던 자신의 인생의 다양한 순간들을 아버지나 가까운 사람들의 말 속에서 알아들을 수 있는 소리와 연결시킵니다.

앉을 수 있고, 자신의 발을 잡을 수 있고, 길 수 있고, 일어서기까지 할 수 있는 시기인 생후 9개월경이면 아이는 자신이 어머니와 구별되는 완전한 육체를 가지고 있다는 사실을 인식하게 됩니다. 이 시기는 매우 중요합니다. 이 시기쯤에 아이는 다른 사람들에게 애착을 형성하거나 의사 소통을 할 수 있습니다. 아이는 먼저 가족의 다른 구성원들을 향해 다가갑니다. 앞서 살펴보았듯이, 어머니와 가장 가깝고 가장 많은 대화를 나누는 아버지에게 먼저 다가가고, 그 다음에는 형제나 자매들에게 다가가서 커다란 웃음소리로 그들의 장난이나 유머에 반응하는 법을 배웁니다. 그러므로 어머니와 결합되어 있는 시기는 의사 소통하는 법을 배우기 위해서 꼭 필요한 시기입니다. 그런 다음 자연스럽게 아이는 대화 상대자의 폭을 서서히 넓혀가고 자신의 세계를 확장시켜 나갑니다.

아이가 만 한 살의 고비를 넘길 무렵에 어머니와의 관계가 악화되거나 어머니가 종종 당혹감을 느낀다는 사실을 명심해둘 필요가 있습니다. 만 한 살에서 세 살 사이에 아이들은 행복해 하다가도 순식간에 미칠 듯이 화를 내곤 합니다. 하지만 이것은 아주 정상적인 현상입니다. 아이의 뇌 조직은 여전히 감정의 자기 조절 능력을 갖추고 있지 못합니다. 아이가 자신의 원초적인 감정들을 차츰 재조직할 수 있게 되는 것은 시간이 좀더 지난 후입니다. 다양한 경험을 하면서 아이의 뇌는 아이로 하여금 판단이나 선택 기능을 수행할 수 있게 하지요. 그때쯤이면 뉴런은 감정 시스템에 억제 기능을 수행할 수 있고, 따라서 아이는 자신의 분노를 보다 잘 통제할 수 있습니다. 하지만 만 한 살에서 세 살의 시기는 아기의 인성 발달에 아주 중요한 '아니오!', 이른바 '반항'의 시기입니다.

아이가 이 나이가 되면 어머니는 길을 잃고 방황하는 패배자라는 비난을 받고, 그녀의 관용은 시험대에 오릅니다. 언제든지 충고할 준비가 되어 있는 조부모나 주위 사람들은 어머니가 이미 아이의 불안정한 감정 상태 때문에 당황하고 있으며, 어머니를 비난함으로써 어머니를 더욱 약하게 만들 수 있다는 사실을 잊고 있습니다. 아이가 느끼는 분노의 수치를 떨어뜨리려면 아이가 만 세 살쯤 되었을 때 감정의 자기 조절 능력을 잘 활용할 수 있도록 도와 주어야 합니다.

양육자로서의 자질을 강화한 어머니는 적절한 대응책을 찾을 수 있으며, 이 힘든 학습의 시기 동안 자신의 아이를 잘 인도할 수 있습니다. 아이의 에너지를 긍정적인 방향으로 유도하거나, 아이가 자신의 감정적인 위기를 잘 관리할 수 있도록 잠시 시간을 주는 등의 방법을 통해서 말이죠. 스스로에 대한 자신감이 있는 어머니는 자신의 아이가 감정적으로 힘든 상황을 잘 극복하도록 도울 수 있습니다. 어머니의 포옹이나 말, 목소리는 새로운 출발 이전의 상태로 돌아갈 수 있게 해줍니다. 자신의 아이가 준비가 되었다고 느낄 때쯤 어머니는 자신의 사회적 기능을 회복할 수 있습니다. 다시 친구들을 만나고 직장으로 되돌아가고 새로운 생활 리듬에 적응합니다.

어머니와 아이가 지나치게 결합되어 있어서는 안 된다고 주장하는 어떤 일방적인 강요나 어리석은 규칙도 어머니로부터 그녀의 사랑스러운 아이를 강압적으로 떼어낼 수는 없습니다. 하지만 어머니 자신의 정체성을 위하여, 함께 보내는 것이 좋다고 어머니 스스로 판단한 일정한 시간이 지나고 난 후에는 자신의 사회적인 위치를 다시 회복하는 것도 꼭 필요한 일입니다.

6
어머니로서의 삶과
직장인으로서의 삶

오늘날의 여성들은 일과 육아를 병행하기 위해
힘겨운 노력을 하고 있습니다.
여성들은 자신이 출세지상주의의 제물이라는 사실을 잘 알고 있으며,
어머니의 역할을 무시하는 직장의 요구에 기진맥진해 있습니다.
사실 어머니의 역할이 사회를 위하여 너무도 소중한데 말입니다.

 ## 어머니로서의 삶과 직장인으로서의 삶

오늘날 전업 주부가 되는 것은 대부분의 젊은
여자들에게 매우 힘든 선택입니다. 그녀들은 지식 교육을 받았
고 중학교, 고등학교에서 자신들이 남자들과 동등하다는 사실을
확인했습니다. 만일 어머니가 되는 순간 밖에서 일하는 것을 포
기해야 한다면, 그녀들은 경제적인 독립성과 사회적인 정체성을
잃어버리게 됩니다. 사람들은 흔히 전업 주부들이 '아무것도 하
지 않는다'라고 생각합니다. 친구들과의 저녁 모임에서도, 아이
들이 흥미로운 이야기 주제가 되지 않는 이상 전업 주부들은 대

화에서 일찌감치 제외되어버리지요. 전업 주부들은 종종 불만을 터뜨리곤 합니다. "몇 년 전에 일을 그만둔 이후로 적어도 같은 조건의 직장을 다시 구하는 것은 거의 불가능해졌어요." 게다가 다른 장소나 다른 시대와 달리 특히 서구 사회에서 여자들이 아이들을 함께 키우면서 공동으로 일하는 집단 생활은 더 이상 없습니다.

 일하지 않는 것, 그것은 고립과 사회적으로 어떤 인정도 받을 수 없음을 의미합니다. 마치 아이를 키우는 일에 아무런 능력도 필요하지 않은 것처럼 말이죠! 공인된 보모들, 특히 가정으로 직접 와서 아이를 돌봐 주는 유모들은 열악한 보수를 받고 있으며 제대로 된 교육도 받지 못하고 있습니다. 그렇다면 아이들의 행복과 교육은 부차적인 문제일까요? 그렇다면 내일의 사회는 어떻게 건설할까요?

어머니들에게 선택권은 있는가?

 오늘날의 젊은 여자들은 지금의 부부 관계가 언제라도 깨질 수 있다는 사실을 잘 알고 있습니다. 그녀들은 자신의 부모나 친구의 부모가 종종 이혼하는 것을 지켜보며 자란 세대입니다. 만일 그녀들이 다른 일을 하지 않고 아이들을 다 키운 후에 그녀들의 배우자가 외도를 한다면, 그녀들은 어떻게 될까요? 위엄을 지키면서 새로운 길을 선택할 수 있는, 어떤 사회적인 자유가 그들에게 있을까요? 그녀들의 할머니는 자신의 딸, 손녀 들에게 자신이 누리지 못했던 자유와 위엄을 보장해 줄 수 있는 직업 활동을 어떤 상황에서라도 고수해야 한다고 앞장서서 주장하고 있습니다.

일할 수 있는 나이 대의 여성들 중에서 노동 시장에 나와 있는 여성들의 비율이 1960년대 이후로 계속 증가하는 것은 사실 이러한 이유 때문입니다. 일하는 여성은 오늘날 활동 인구의 45퍼센트 이상을 차지하고 있습니다. 한 명의 자녀를 둔 어머니의 80퍼센트가 일을 하고 있으며, 두 명의 자녀를 둔 어머니의 70퍼센트가 일을 하고 있습니다. 하지만 셋째 아이가 태어나면 일하는 어머니의 비율은 49퍼센트로 급격히 떨어집니다.

남성 중심의 직업 세계

일하는 여성의 숫자가 일하는 남성의 숫자와 거의 비슷하다고 하더라도, 여성들은 남성들보다 더 적은 임금을 받고 있으며(여자들은 같은 학력의 남자들에 비해서 평균 20~27퍼센트 정도 적은 임금을 받고 있습니다), 남자들에 비해서 책임 있는 직책에 오르는 숫자도 훨씬 적습니다(여자 간부의 비율은 30퍼센트에 불과하며, 여자 임원의 비율은 10퍼센트에 불과합니다). 90퍼센트가 남학생인 한 고등농업학교가 여학생들의 숫자를 늘리려 하자 사람들은 학교의 질이 떨어질 것이라는 우려를 표했습니다!

기업 구조 역시 여자들을 하급 직책에 가두어두는 데에 적합한 방식으로 작동하고 있습니다. 하루 일과는 아주 남성적입니다. 충분히 늦춰진 출근 시간, 점심 시간의 긴 휴식, 오후 시간의 신문 읽기, 저녁 시간의 중요한 미팅. 성공하고픈 욕망이 아무리 크더라도 가정이나 학교에서 자신을 기다리고 있는 아이들의 어머니인 까닭에 전략적으로 중요한 순간에 직장을 떠날 수밖에 없습니다. 따라서 모든 일이 결정되고, 회사 내에서 권력을 차지할 수 있는 그 순간에는 남자들이 남게 되지요. 여성 고위 간부의 비율이 점점 늘어나고 있기는 하지만, 여자들이 임원직에 오르는 경우는 극히 드뭅니다.

만일 중요한 회의가 아이들을 학교에 보내고 난 후인 아침 시간에 열린다면, 더 많은 여자들이 승진하게 되겠지요. 지금 나는 모성 본능에 충실하기 위해 파트타임으로 일하는 여자들을 말하고 있는 것이 아닙니다. 오늘날 이런 경우에 속하는 여자들 역시 점점 늘어나고 있습니다(활동 여성의 25퍼센트). 정치 분야 역시 야간 회의 등과 같은 남성 중심의 구조가 우세합니다. 오직 평등에 관한 법률만이 남자들에게 여자들을 위한 약간의 자리를 비워 줄 것을 강요하고 있지만, 어머니들이 진정으로 자신의 역할을 수행하기 위해서는 많은 변화가 있어야만 합니다. 방송 제작자인 한 친구는 이런 말을 했습니다. "여성에 대한 멸시는 도처에 존재하고 있다. 여성에 관한 방송이나 '페미니즘'이라는 주제를 다루는 방송을 하는 것은 매우 힘들다. 영화 속에서의 여성의 이미지는 본질적으로 남성들이 만든 것이다." 집에서 결정권, 예를 들면 텔레비전의 리모컨을 쥐고 있는 것은 남자들입니다. 그리고 남자들이 없는 경우에는 아이들입니다. 혼자 있는 경우가 아니라면 어머니는 결코 텔레비전 리모컨을 쥐지 못합니다.

　오늘날의 여성들은 일과 육아를 병행하기 위해 힘겨운 노력을 하고 있습니다. 여성들은 자신이 출세지상주의의 제물이라는 사실을 잘 알고 있으며, 어머니의 역할을 무시하는 직장의 요구에 기진맥진해 있습니다. 사실 어머니의 역할이 사회를 위하여 너무도 소중한데 말입니다.

　물론 모든 분야에서의 심리학자들의 경고는 젊은 여자들이 죄책감을 느끼기에 충분한 반향을 일으키고 있습니다. "오늘날의 부부 관계는 더 이상 나빠질 수 없을 만큼 나빠져 있다. 비록 부분적인 이유라 하더라도, 여성의 위치 변화를 문제삼지 않고서는 이러한 상황을 이해할 수 없을 것이다." 알도 나우리가 한 말입니다. 이 친구의 말을 가만히 들어보면, 부부가 위기에 처하지 않으려면 꼭 여자가 집에 있어야 한다는 뜻입니다! 심리학자들은 심지어 일하는 여자들이 자신의 가능성을 포기하지 못하고 스스로 선택한 이중 일과에 대해서 부당하게 불평을 늘어놓는다고 비난하고 있습니다!

"모든 어머니들, 심지어 일하는 어머니들도 자신의 하루 일과를 끝내고 나서는 자신의 아이, 오직 자신을 위하여 원했던 아이와 독점적인 애정을 즐기기를 원한다. 그런데도 자신의 욕구의 결과인 이러한 이중 일과에 대해서 얼토당토않게 불평하고 있다."(크리스티안 올리비에) 이 무슨 말도 안 되는 비난인가요! "여성들이여, 직장에서의 과중한 임무에 대해서 불평하지 마라. 그것을 원했던 것은 바로 당신 자신들이다. 너무도 소유욕 강한 당신들이 당신 자식에 대한 절대 권력의 욕구에 따라 움직이기 때문이다."

이러한 이론들은 자신의 어린 자식들을 가능한 한 잘 보살피고픈 모성 본능과 직업적인 요구 사이에서 이러지도 저러지도 못하는 여자들에게 아무런 해결책도 제시해 주지 못하고 그저 비난만을 가하는 꼴입니다. "그렇다면 무엇이 우선되어야 할까? 어머니로서의 당신의 역할을 다른 사람에게 맡길 것인가? 아니면 직장 일을 줄일 것인가? 분명 당신의 아이는 지속적인 애정을 필요로 하고 있다. 하지만 당신만큼 절실하지는 않을 것이다." 이는 이제 출산 휴가가 끝나가는, 생후 3개월 된 아이의 어머니들이 느끼는 것과는 전혀 다릅니다. 어떤 어머니도 자신의 아이가 하루에 여덟 시간에서 아홉 시간씩 낯선 사람의 손에 있으면서 행복해 할 것이라고는 생각하지 않습니다.

다행스러운 것은 오직 자신의 즐거움을 위하여 아이를 독차지하고 싶어한다며 어머니를 비난하는 이론들과, 아주 일찍부터 아이들을 사회화시켜야 한다는 이론들을 넘어서, 새로운 목소리가 커지기 시작했다는 사실입니다. 요즘에는 생후 3개월 된 갓난아기보다 생후 2년 이상 된 아이를 받고 싶어하는 탁아소의 원장들이 점점 더 많아지고 있습니다. 생후 3개월의 나이에 사회화란 말은 도저히 어울리지 않습니다!

어머니들이 이루어낸 직업 혁명

어머니들이 자신의 직업 리듬을 주도하고 인정받기까지는 10년도 채 걸리지 않았습니다. 이제 거대한 혁명이 준비 중에 있습니다. 정치인이나 기업 임원들이 실패한 일을 여자들이 해낼 것입니다. 정치인이나 기업 임원들은 어머니로서의 입장을 배려해 줌으로써 직업적인 평등 역시 이룰 수 있다는 사실을 잘 알고 있으면서도, 여전히 그러한 혁명에 대해서 거부감을 느낍니다. 현재의 시스템은 그리 오래 가지 않을 것입니다. 팩스 등의 원격 정보 전달 도구 덕분에 여자들이 시간의 굴레로부터 벗어날 수 있는 자유를 얻었기 때문입니다. 젊은 직장 여성들이 휴대 전화를 이용하여 자신의 고객들과 연락을 계속하면서 하루 중 아무 때나 나를 만나러 오는 경우가 이미 많아졌습니다. 인터넷과 팩스, 전화 덕분에 그녀들이 자신의 사무실에 있는지, 학교에 있는지, 집에 있는지 알 수 없게 되었습니다.

이러한 시스템은 분명히 개인 생활과 직장 생활 사이의 단절을 없애버렸습니다. 사실 여자들이 이러한 시스템에 익숙해진 것은 이미 오래전입니다. 레비-스트로스(Levi-Strauss)가 말했던 것처럼, 여자들이 아이를 보모에게 맡기고 공장이나 사무실에 갇혀버린 것은 바로 산업화 때문입니다. 그 이전에 여자들은 어디로 가든 아이를 데리고 다녔습니다. 아이를 등에 업고 베를 짜기도 하고 시장에서 야채를 팔기도 하고 밭을 경작하기도 했습니다.

인터넷 덕분에 여자들은 이와 같은 유목민적 생활 방식으로 다시 돌아갈 수 있게 되었습니다. 이러한 자유는 여자들로 하여금 어머니로서의 역할과 직장 생활을 병행할 수 있게 해주었습니다. 남자들이 염두에 두어야 할 사실은, 만일 남자들이 이런 놀라운 변화에 동참한다면 아내와 아이 곁에서 자신의 자리를 차지하고, 그래서 아버지로서의 역할을 더욱 공고히 할 수 있을 것이라는 점입니다. 이와는 반대로 이러한 흐름에서 한발 물러나 전통적인 시스템에만 집착한다면, 남자들은 아버지로서의 역할에서 소외될 것입니다.

새로운 시대가 오기를 기다리며 점점 더 많은 여자들이 육아휴직이나 파트타임 일을 원하고 있습니다. 시비 걸기를 좋아하는 사람들은, "여자들은 모든 것을 다 가지려고 한다"고 말하겠지요. 하지만 그렇지 않습니다. 여자들은 일을 하고는 있지만 자신의 경력을 포기하고 있으니까요. 내가 만난 모든 여자들은 아이들을 더 잘 키우기 위해서라면 승진을 포기할 준비가 되어 있었습니다. 여자들은 아이를 안아 주고 우유를 주고 말을 걸어 주다가 그 아이가 학교에 갈 나이가 되면 그때 직장 생활에 몰두하고 싶다고 말하곤 합니다. 나는 그러한 여자들을 격려해 주고 싶습니다. 우리의 인생은 길고 길지만 무슨 일이나 때가 있는 법이기 때문입니다. 일을 다시 시작하고 계속하는 것은 아이가 크고 난 후에도 가능합니다.

7

어머니와 아이
떼어놓기

권위 있는 목소리가 당신에게 분리가 아이에게 바람직한 일이라고 설명한다면,
당신은 이미 충분히 무시당하고 있는 당신의 본능을 또다시 의심할 것이고,
미처 그렇게 생각하지 못했던 것에 죄책감을 느끼겠지요.
어머니 자신의 감정을 애써 외면하려 하지 말고,
오직 어머니 각자의 욕구에 따라 아이와의 분리기를 결정해야 합니다.

어머니와 아이 떼어놓기

각각의 아이에게 적합한 육아 방식을 찾아내는 것은 마치 치열한 전투와도 같은 일입니다. 39퍼센트의 부모가 현재의 육아 방식에 만족하지 못하고 있습니다. 그리고 어머니는 아이를 이상적인 시설이나 사람에게 맡기지 못해 아이를 떼어놓는 것에 대해서 죄책감을 느끼고 고통스러워합니다. 갓난아이의 성장에서 아이를 돌보는 사람의 역할이 얼마나 중요한지는 누구나 알고 있습니다. 따라서 바로 거기에 심각한 문제가 있는 것입니다.

누가 아기를 돌볼 것인가?

모성 본능과 관계된 호르몬이 아직 온몸을 가득 채우지 않은, 자신의 아기를 직접 품에 안아보기 전인 임신 기간에, 대부분의 젊은 여자들은 자신의 아이가 생후 3개월이 될 때부터 아이를 낯선 사람이나 전문가의 손에 맡길 수 있을 것이라고 쉽게 생각합니다. 하지만 아이와의 초기 상호 작용이나 모성 본능 때문에 여자들은 출산 휴가를 계속 연장합니다.

많은 여자들이 산부인과 의사에게 '비정상적인 임신'으로 인한 휴가 연장을 권하는 처방전을 써달라고 애원합니다. 휴가를 연장하기 위한 어머니들의 계략 역시 좋습니다. 그러한 어머니들이 잘못된 것일까요? 어머니들이 너무 과민한 것일까요? 위니캇은 어머니에게 분리의 순간을 선택할 수 있는 권리를 주어야 한다고 주장했습니다. "어머니는 자신의 어린아기와 세상의 일부를 공유하고 있다. 아기가 혼란을 느끼지 않도록 충분히 가까운 거리를 유지하다가, 아기가 세상을 즐길 수 있는 능력이 커질수록 그를 만족시켜 주기 위해서 차츰 거리를 넓혀 나간다. 이것은 어머니들의 가장 중요한 역할 중의 한 부분일 것이다. 어머니들은 아주 자연스럽게 이 일을 해내고 있다. …… 그녀들이 철학자다운 지식이 있기 때문이 아니라 자신의 아기에게 몰두하고 있기 때문에 아주 조금씩 세상을 아기에게 소개할 수 있는 것이다."

　모든 전문가들이 도널드 위니캇의 주장처럼 어머니에 대해 관용이나 존중을 베풀지는 않겠지요. 하지만 어머니와 아이의 분리가 빠를수록 좋다고 생각하는 심리학자들도 생후 3개월은 너무 이르다고 인정할 것입니다. "나는 생후 8개월 정도에 공공 혹은 사설 탁아소에 아기를 맡기는 것이 적당하다고 생각한다. 생후 8개월 정도의 나이면 아기들은 부모가 떠날 때 울음으로써 자신이 그들을 사랑하고, 그들을 알아보며, 그들이 돌아올 때까지 기억하리라는 신호를 보낼 수 있기 때문이다"고 크리스티안 올리비에는 말했습니다.

　생후 3개월부터 아이를 탁아소에 맡기면 아이를 덜 울릴 수 있다고 어머니들을 선동하면서, 생후 8개월 된 아이의 분리 불안에 대해서 장황하게 늘어놓는 것은 또 무슨 경우일까요! 아무튼 "이를수록 좋다"는 속담은 이런 경우에는 해당되지 않습니다. 아직 만 8개월이 안 된 아이는 당신이 탁아소에 맡겨두고 떠나더라도 울지 않을 것입니다. 하지만 그런 경우라면 아이가 자신의 정체성을 지키고 세상에 대한 기준을 발견하기가 더욱 힘들어집니다. 왜냐하면 그 나이의 아이들은 항의할 수조차 없기 때문입니다.

　자신의 혼란을 자신이나 어머니에게 표현할 수 없기 때문에 아이는 주어진 환경을 그대로 받아들일 위험이 있습니다. 아이가 어릴수록 아이에게 시간은 더욱 길게 느껴집니다. 그러니 어머니의 부재는 마치 영원처럼 느껴지겠지요. 어머니가 저녁이면 다시 데리러 올 것이라는 생각을 하기까지는 몇 주의 시간이 걸릴 수도 있습니다. 제대로 교육을 받은 사려 깊은 보모가 아이에게 어머니의 존재를 계속 느낄 수 있게 해준다고 하더라도, 이러한 때이른 어머니와의 분리가 아이의 인성 발달에 끼치는 영향은 무시할 수 없습니다. 생후 8개월 미만의 아이는 자신을 어머니의 신체의 일부라고 생각하기 때문입니다. 그는 어머니와 자신을 구분해서 생각하지 못하기 때문에, 어머니가 눈에 보이지 않으면 자신의 일부를 잃어버렸다고 여깁니다. 반대로 생후 8개월이 지나고 나면, 아이는 어머니가 눈에 보이지 않으면 떼를 쓰고 울기는 하지만, 심리적으로는 영향을 덜 받게 됩니다.

기어다닐 줄 알고, 손과 발을 이용하여 걸을 줄 알고, 몸을 움직일 줄 알고, 자신이 다른 사람과 독립된 완전한 몸을 가지고 있다는 사실을 알게 되는 순간부터, 아이는 항의할 줄 알고 어머니의 부재에 대해서 심리적으로 상처를 덜 받습니다. 뿐만 아니라 부모의 말과 동작을 이해할 수 있는 그 나이가 되면, 이와 같은 어머니와의 분리는 미리 준비되거나 예고될 수도 있습니다. 그러면 아이는 자신의 슬픔을 표현할 것이고, 어머니가 아이를 대신하여 아이의 슬픔에 의미를 부여해 줄 수도 있습니다.

이 모든 사실에 비추어볼 때, 아이를 돌봐 주는 사람이 특수 교육을 받았느냐보다, 아이에게 관대하거나 민감하느냐는 사실이 아이에게 훨씬 더 중요하다는 결론을 얻을 수 있습니다. 당신의 아기를 맡길 사람을 잘 관찰해 보십시오. 그 보모는 당신이 아기를 내밀기도 전에 아이를 받아서 안아 줄 준비가 되어 있나요? 그럴 준비가 되어 있지 않은 보모라면 아기를 맡겨서는 안 된다는 것은 어머니의 감수성으로 충분히 알 수 있는 사실입니다. 아기를 안고 싶다는 내색을 하는 보모와는 다른 그런 보모는 아기를 안는 것이 아무것도 아니라고 생각할 수도 있으니까요. 그리고 아기는 자신을 안아 주는 방식에 아주 민감합니다.

아주 어린 아기의 경우에도 어떤 사람의 품에서는 울음을 터뜨리고 또 어떤 사람의 품에서는 만족스러워합니다. 이는 조부모들이 종종 경험하게 되는 언짢은 일 중의 하나이지요. 아기의 반응에 실망한 조부모들은 이런 말을 하곤 합니다. "내 딸은 아이의 사회성을 전혀 키워 주지 않았어요. 아이가 다른 사람들에게 익숙해지도록 놀이방에라도 보내라고 해야겠어요!" 하지만 문제는 그것이 아닙니다. 아기는 자신에게 그리 자주 모습을 보이지 않았던 낯선 사람으로부터 강압적인 애정 관계를 요구받으면 위협을 느낄 수 있다는 사실을 알아야 합니다. 만 10개월에서 18개월 사이의 아이들은 자신의 호적이나 혈통에 대해서 알지 못합니다. 따라서 아이들은 조부모에게 적응할 시간이 필요합니다. 그러기 위해서는 먼저 어머니와 아이의 관계를 존중해 주어야겠지요.

우선 아이와 거리를 두고 앉아서 아이의 어머니와 얘기를 나누면서 아이와의 관계를 형성해 나가야 합니다. 그런 다음에 아이와 놀아 주면서 아이의 주의를 끌거나 아이에게 이야기를 해주면서 아이의 기분을 풀어 주어야 합니다. 일단 어머니가 아닌 다른 사람을 자신의 언어를 이해할 줄 아는 친절한 대화 상대자로 인정하고 나면, 아이는 그 사람을 향해 다가갑니다.

사실 아이의 자율성에 대한 이와 같은 강박 관념은 아이의 행복에 대한 진정한 염려에서 비롯되어야 하지 않을까요? 권위 있는 목소리가 당신에게 분리가 아이에게 바람직한 일이라고 설명한다면, 당신은 이미 충분히 무시당하고 있는 당신의 본능을 또 다시 의심할 것이고, 미처 그렇게 생각하지 못했던 것에 죄책감을 느끼겠지요. 위니캇은 "어머니들이 심리학자들의 이러한 개입에 대해서 신중하게 반론을 제기하는 경우는 거의 없다"고 말했습니다. 어머니 자신의 감정을 애써 외면하려 하지 말고, 오직 어머니 각자의 욕구에 따라 아이와의 분리 시기를 결정할 필요가 있습니다.

어머니와 아이의 점진적인 분리

지금까지 열거했던 모든 지적은 아이의 단체 생활 시기를 가능한 한 늦추는 것이 좋다는 의미로 이해할 수 있습니다. 단체 생활을 늦게 시작할수록, 어려서 면역력이 약한 아이에게 치명적일 수 있는 중이염이나 기관지염, 혹은 적응과 관련된 많은 문제들이 줄어들 것입니다.

그렇다고 해서 어머니와 아이의 분리 시기를 무한정 늦추라는 뜻은 아닙니다. 단지 어머니와 아이가 나름대로의 속도에 따라 서서히 바깥 세상을 향해서 부드럽게 시선을 돌릴 수 있을 때, 어머니가 직장 생활을 시작해야 한다는 것입니다. 아이의 나이가 몇 살이든지간에 어머니가 아직 때가 아니라고 느끼는데도 외부의 결정에 의해서 갑작스럽게 아이와 때이른 이별을 한다면 아주 위험할 수 있습니다.

이와는 반대로 둘 사이의 점진적인 분리는 두 사람 모두에게 바람직합니다. 출산 후에 자신의 아이에게 완전히 몰두해야 하는 어머니의 삶은 사실 무척 외로운 것이기 때문입니다. 다른 문명, 예를 들면 아프리카나 중국 같은 나라에서는 어머니들이 아기를 등에 업고 자신의 직업 활동을 계속할 수 있습니다. 어머니는 아이를 떼어놓을 필요 없이 시장에 가고, 대가족의 다른 구성원들과 이야기를 나누고, 어머니로서의 역할을 수행할 수 있습니다. 뿐만 아니라 어머니는 주위 사람들의 거북해 하는 시선을 감수하거나 굳이 감출 필요 없이 아기에게 젖을 물릴 수도 있습니다. 따라서 이러한 문명 속의 어머니들은 사회로부터 단절될 필요가 없지요.

하지만 우리의 서구 문명 속에서 어머니들은 오직 텔레비전만을 대화 상대로 한 채 네 개의 벽 속에 갇혀 있습니다. 이런 상황에 처하면 극도의 우울증에 빠질 위험이 있습니다. 그래서 어머니들은 아이가 자신으로부터, 그리고 자신이 아이로부터 떨어질 준비가 되지 않았다고 느끼면서도, 아이가 생후 3개월이 되면 사회 활동을 다시 시작해야겠다고 생각하는 것입니다. 가장 이상적인 해결책은 직장 생활을 점진적으로 다시 시작하는 것입니다.

보모, 유모 아니면 탁아소?

어떤 육아 방식을 선택해야 할까요? 충분한 정보와 열정을 가진 부모들은 자신의 아이에게 맞지 않는 육아 방식에 의문을 제기하고, 보다 적합한 육아 방식을 찾아내는 데에 뛰어난 능력을 보여 주었습니다. 그들은 또한 탁아소나 보모와 가정 환경을 잘 연결시키고 있었습니다. 그들은 아이에게 자신들의 부재나 재회에 대해서 설득력 있게 설명하는 법을 알고 있었으며, 탁아소의 교육 프로그램이나 특히 휴식 시간, 저녁 시간, 주말 시간 동안 아이와 함께 할 수 있는 놀이에 흥미가 있었습니다. 그리고 아이에게 부모를 대신하는 다른 성인들과 이로운 방식으로 상호 작용하는 능력을 길러 주는 법을 알고 있었습니다.

집단 탁아

부모들의 입장에서 이 제도는 두 가지 큰 장점이 있습니다.

• 보모에 대한 신뢰. 부모들을 끈질기게 괴롭히던 이 문제는 더 이상 없다. 아이는 방에서 울고 있는데 보모가 텔레비전 앞에 축 늘어져 있지나 않을까 더 이상 걱정할 필요가 없다. 보모의 수가 훨씬 더 많기 때문에 아이의 안전에 대해서도 안심할 수 있다.

• 단체 생활은 아이가 사회성을 개발하는 데에 좋은 환경을 제공해 준다.

하지만 소란스러운 이 세계에 자신의 아이를 맡기는 순간, 특별한 자질을 갖춘 보모들이 아무리 노력을 해도 어머니는 눈물을 흘리면서 이 작은 세계가 6킬로그램 나가는 자신의 어린 생명에게 어떤 사회화 효과를 줄 수 있을지 미심쩍어합니다. 나는 종종 만약 인간이 생후 3개월부터 수십 명의 또래 친구들을 필요로 한다면, 자연은 인간 역시 고양이처럼 한꺼번에 여러 명의 자식을 낳게 하지 않았을까 하는 생각을 해보곤 합니다. 하지만 인간은 태어나서 여러 달 동안 오직 자신에게만 몰두하며, 자신이 필요로 할 때마다 언제든지 달려와 주는 단 한 명의 어른과의 이원적인 관계를 필요로 합니다. 그런 다음에 서서히 분리가 가능합니다. 생후 3개월부터 탁아소에 아이를 맡긴다면, 아이에게는 너무도 갑작스런 이별이 될 것입니다!

존 볼비는 어머니가 일할 수 있도록 아이를 하루 종일 어머니가 아닌 다른 사람의 손에 맡겨야 한다는 데 대해서 가장 단호하게 반대했던 사람들 중 하나입니다. "여자들은 사회적으로 특별한 가치가 없는, 재미도 없는 일을 하기 위해서 자신의 아이를 생기 없는 탁아소에 맡겨두고 있다. 나는 오늘날 부모의 역할이 어처구니없이 과소평가되고 있다고 생각한다"고 그는 말했습니다. 프랑수아즈 돌토는 여기에 한술 더 떴습니다. "아이를 동물처럼 키우거나 길들여서는 안 된다. 아이는 마음과 마음을 원하는 자연의 새로운 창조물이다. 육체적으로 무력한 이 작은 인간은 일종의 거래처럼 관례화된 상호 작용이나 잘 다져진 음식뿐만 아니라 어른들이 자신의 마음과 영혼에 생명력을 불어넣어 주기를 기대한다."

집단 탁아가 아이에게 절대적으로 해롭다고 주장하는, 지나치게 급진적인 이론들에 대해서도 완전히 동의할 수 없습니다. 그저 태어난 지 석 달도 채 지나지 않아서 이제 막 눈짓으로 의사소통을 시작한 갓난아이를 하루에 8시간씩 떼어놓을 수밖에 없는 어머니들의 고민을 이해하기 위해서 이러한 이론들을 참고할 뿐입니다. 어머니들은 자신의 아이가 보이는 만족이나 불만족의 신호를 자신만큼 잘 이해하는 사람은 없으며, 평균 다섯 명의 아이를 책임져야 하는 보모가 자신만큼 아이에게 신경을 써주기가 힘들다는 사실을 잘 알고 있습니다. 그러므로 어머니들이 느끼는 정당하고 합당한 이러한 고통은 결코 그녀들의 지나친 소유욕에서 비롯된 것이 아닙니다.

하지만 어머니가 아이와 갑작스럽게 떨어지지 않는다면, 아기가 탁아소에서 지내는 시간을 서서히 늘려간다면, 어머니가 육아 휴직 등의 제도를 이용하여 직장 생활을 일시적으로 중단했다가 서서히 직장에 복귀할 수 있다면, 그래서 아이로 하여금 이 새로운 환경에 서서히 적응하도록 한다면, 탁아소는 아이에게 아주 쾌적한 환경을 제공해 줄 수도 있습니다. 어머니가 할머니나 아버지의 도움을 받아 아이를 탁아소에 맡기는 시간을 조금이라도 단축하거나, 어머니가 보모로부터 '아이에 대한 유일한 전문가'로 인정받고 어머니로서의 감정을 존중받을 수 있다면 더할 나위 없이 좋겠지요. 이러한 분위기라면 부모가 아이와 함께 시간을 보내면서 아이를 돌봐 주는 것만큼 효과가 있을 것입니다. 여자들이 집에 있어야 한다거나—어머니의 부재를 비난하거나 그녀들에게서 직장인으로서의 정체성이나 자유를 빼앗는 것은 분노할 만한 일이지요—집단 탁아의 가치를 깎아 내려야 한다는 얘기가 아니라, 단지 부모들이 진심으로 동참할 수 있도록 이러한 제도가 보다 융통성 있게 선택식으로 운영되어야 한다는 것입니다. 하지만 탁아소에서 일하는 육아 전문가나 교육자, 보조원 들은 이런 의미를 아주 민감하게 받아들입니다. 그렇다면 실제 교육 정책이 이러한 방식의 실행을 도와 주어야 하지 않을까요? 왜냐하면 부모가 보다 융통성 있게 아이의 육아에 참여하려면 시간이 필요하니까요.

유치원의 문이 닫힐 때

가장 초기의 학교인 유치원은 아이를 어머니처럼 보살펴 주어야 한다는 사실을 종종 잊고 있을 뿐만 아니라, 어머니와 아이를 가혹하게 떼어놓으려 합니다. 이미 20년 전에 프랑수아즈 돌토는 유치원의 엄격한 규칙에 대해서 언급했습니다. "유치원은 아이의 부모나 친지가 교실에 오는 것을 막음으로써 초기 접촉을 변질시키고 있다. 이것은 실제로 제도적으로 금지되어 있기도 했다."

유치원은 부모에게 훨씬 단단하게 문을 닫아놓고 있습니다. 그러면서 부모에게 마치 이렇게 말하고자 하는 듯합니다. "우리는 전문가입니다. 우리는 당신의 아이에게 필요한 것을 당신보다 더 잘 알고 있습니다. 그러니 지나치게 당신의 아이를 과잉보호하려 들지 마십시오."

모리스 마시노(Maurice T. Maschino)는 일부 유치원 교사들이 어머니들을 어떻게 생각하고 있는지 상세하게 이야기했습니다. "아이를 늦게 데리러 오거나 심지어 깜박하는 어머니들은 아이에게 거의 신경을 안 쓰는 것이나 마찬가지입니다. 어떤 아이들은 늘 지저분한 상태이고, 또 어떤 아이들은 겨울에도 아주 얇은 옷을 입고 있지요."

어머니는 아이에게 지나치게 집착한다고 비난받기도 하고, 반대로 아이가 아픈 데 전화만으로 그친다고 비난받기도 합니다. 아이에게 아주 다정하게 대하면 과잉보호하거나 근친상간 경향이 있는 어머니라고 비난받습니다. 하지만 아이에게 충분히 다정하게 대해 주지 않으면 이번에는 차갑고 애정이 부족한 어머니라고 비난받지요. 뿐만 아니라, 아이를 깔끔하게 잘 차려 입히면 아이의 외모에 너무 신경 쓰고 자기 취향대로 아이에게 옷을 입히는 어머니라고 비난받습니다.

반대로 아이를 제대로 차려 입히지 않으면 게으른 어머니라고 비난받습니다. 아이에게 수학 공부를 열성적으로 시키면 자기 만족을 위하여 아이에게 공부를 강요하는 어머니라고 비난받을 것입니다. 최근에 한 어머니는 나에게 이렇게 말했습니다. "나는 우리 아이의 선생님을 만나는 것이 늘 두려워요. 내가 직장에 나간다고 말하면 선생님은 아마 이렇게 말할 거예요. '네, 그래서 아이에게 문제가 있는 거로군요.' 그리고 만일 내가 직장에 나가지 않고 아이의 숙제를 도와 준다고 말하면 선생님은 또 이렇게 말하겠지요. '어머나, 아이에게 좀더 자율성을 길러 주셔야죠.' 어떤 식으로든 내 잘못을 찾아낼 테니까요."

사실 만 세 살 된 아이에게 가장 이상적인 생활 리듬은 하루 중 반나절 정도를 유치원에서 보내게 하는 것입니다. 하지만 우리 사회에는 유치원이 끝난 이후에 보충할 만한 믿음직한 육아 방식이 없습니다. 만 세 살에서 여섯 살 사이인 아이들의 절반 정도를 유치원 수업이 끝난 후에 어머니가 데리러 옵니다. 하지만 나머지 절반의 아이들은 연장 수업을 받습니다. 오늘날 유치원의 분위기가 얼마나 소란스럽고 전투적인지를 알면, 아이들이 느끼고 있을 피로감의 정도를 짐작할 수 있을 것입니다.

아이가 혼자 병원에 입원해 있을 때

내가 사회봉사단체에서 인턴으로 일하고 있을 때, 부모들의 방문 시간은 오후 1시부터 3시까지, 오후 6시부터 8시까지로 제한되어 있었습니다. 나는 이 시각을 비교적 정확하게 기억하고 있습니다. 어머니들이 병원을 떠나려고 하면 아이들은 울부짖고, 병원 관계자들은 친절하게도 어머니들에게 다시 돌아오지 말라고 충고해 주곤 했지요. "당신이 여기에 없을 때 아이가 더 의젓하게 행동해요!" 그후에 발표된 여러 논문들은 부모가 자신의 눈에 보이지 않아서 버림받았다고 느끼는 것보다 부모가 떠날 때 울음을 터뜨리는 것이 아이들에게 더 낫다는 사실을 밝혔습니다. 그러므로 비록 이별의 고통을 겪어야 한다고 하더라도 부모가 아이의 병실을 방문하여 자신들이 존재하고 있다는 사실을 아이에게 확인시켜 주어야 합니다.

1953년에 촬영된 한 다큐멘터리는 부모의 방문 시간을 제한하는 병원에 입원한 아이가 절망에 차서 울부짖는 모습을 보여주었습니다. 이와 같은 자료들 덕분에 소아과의 의료 서비스가 변화되었으며, 부모의 방문 시간도 연장되었습니다. 지금은 어머니가 아픈 아이 곁에서 하루 종일 있을 수도 있지요. 하지만 예전의 관습이 여전히 남아 있는 탓에, 부모가 입원한 아이와 함께 지낼 수 있는 병실은 턱없이 부족합니다.

사실 병원들은 여전히 부모들을 환대하고자 하는 의지가 별로 없습니다. 자신의 아이 곁에서 밤을 보내려는 어머니는 종종 자신이 병원에서 귀찮아하는 존재인 듯한 느낌을 받습니다. 병원 관계자들은 아이의 병실을 지키고 싶어하는 어머니의 욕구를 쓸데없는 걱정으로 돌리고, 모성 본능을 포기하도록 어머니를 몰아붙이고 있습니다. 이런 관점에서 병원의 관행을 잘 보여 주는 일화가 있습니다.

한 어머니가 어느 날 저녁에 생후 21개월 된 아들을 대형 소아과 병원에 급히 입원시켰습니다. 그녀의 아들은 외과 수술이 필요한 표저를 앓고 있었습니다. 아이는 높은 창살이 쳐져 있는 두 개의 작은 침대가 놓인 보통 병실에 입원했습니다. 아이의 어머니는 병원 측에 아이와 함께 있어도 되는지 물었지만 간호사는 어머니가 사용할 만한 보조 침대는 없다고만 대답했습니다. 그래서 아이의 어머니는 의자에 앉아서 밤을 보내기로 했습니다. 몇 시간이 지나자 졸음이 밀려온 아이의 어머니는 또 다른 작은 침대의 창살을 내리고 이 어린이용 침대에서 웅크린 채 잠들었습니다. 아침이 되자, 세수를 할 수 있는 아무런 시설도 없었기 때문에 머리를 헝클어뜨린 채로 아이의 어머니는 간호사실에서 흘러나오는 커피향을 맡았습니다. 어머니는 간호사들에게 커피를 한 잔 얻어 마실 수 있는지 물었습니다. 간호사들은 두 층 아래로 내려가면 자동판매기가 있을 거라고 대답했습니다.

간호사들에게 어린 환자의 어머니들을 보다 친절하게 대해 주어야 한다고 말하면, 간호사들은 어머니들이 항상 아이와 함께 있으려 한다고 항의합니다. 하지만 모성 본능을 신뢰해 주어야 합니다. 대부분의 어머니들은 아이가 입원하면 처음 며칠 밤을 아이와 함께 있고 싶어합니다. 그러고 나서 아이가 병원 환경에 적응해 안심이 되면, 어머니는 아버지나 할머니에게 아이를 맡기고 병원에 발길이 점점 뜸해집니다. 오직 어머니들만이 그것을 판단할 수 있습니다. 물론 자신의 책임을 회피하려 하는 어머니들도 있겠지요. 하지만 그런 어머니는 거의 본 적이 없습니다. 그리고 그러한 어머니라면 자신의 역할을 책임질 수 있도록 다른 사람들의 도움을 받아야 합니다. 병원에 입원한 자식 곁에 있으려는 어머니들에게 최소한의 편의 시설을 제공하기를 거절하기 위한 구실로 그러한 어머니를 내세우는 것은 옳지 않습니다.

병원 관계자들은 효율적인 범위 내에서 어머니들의 감수성을 존중해 주는 법을 배워야 합니다. 도널드 위니캇은 이미 그러한 사실을 이해시키려고 시도했습니다. "어머니와 아이의 관계를 파괴하려는 경향이 있다. 공격을 피하는 것만이 능사는 아니다. 발각된 이후에도 살아남는 최상의 방법은 항상 방어하는 것이다. 좋은 것에 대한 반감과 두려움은 항상 존재한다. 의사와 간호사 들은 지나치게 무지하고 어리석은 몇몇 부모들에 대한 깊은 인상을 가지고 있어서, 다른 지혜로운 부모들조차 인정하려 하지 않는다. 어쩌면 의사와 간호사 들이 어머니들을 신뢰하지 못하는 이유는 그들 자신이 특별한 교육을 받았기 때문일 것이다. 자신의 본능을 믿는 어머니라면 자신의 견해를 의사에게 알려야 하며, 모든 결정에서 자신의 역할을 수행할 수 있어야 한다. 부모의 의견을 존중해 주는 의사는 그 자신의 의견 역시 쉽게 존중받을 수 있다."

나는 병원 관계자들에게 환자 가족들이 얼마나 거북한 존재인지 아주 잘 알고 있습니다. 하지만 수많은 산부인과가 지방 소아과 병원들처럼 어머니와 아기를 함께 지내게 하면서도 잘 돌아가고 있습니다. 따라서 어머니의 감정에 보다 귀를 기울이고, 간호사들에게도 그 방법을 가르쳐 주어야 합니다. 이러한 자각을 통해서 병원에 입원한 아이는 존중받을 수 있을 것입니다.

8
둘째아이가 태어나면

어머니는 첫째아이 때와는 꽤 다른 느낌을 경험합니다.

어머니는 어머니로서의 자신의 능력에 더욱 확신을 가지고,

갓난아이의 성장에 대해서도 덜 걱정합니다.

모성 본능은 둘째아이의 경우에도 역시 존재하며,

더 자연스럽고 안정적인 방식으로 발휘될 수 있습니다.

# 둘째아이가 태어나면

부모들이 자식을 외동 아이로 키우면서 생길 수 있는 문제를 피하고, 첫째아이에게 평생의 친구를 만들어 주고 싶은 욕구를 느끼는 것은 당연합니다. 서구 사회의 대부분의 부모들은 둘째아이를 원한다고 합니다. 하지만 피임을 하지 않는 부부를 제외하고, 실제로 둘째아이를 갖는 경우는 아주 드뭅니다.

첫째아이 때와는 다른 느낌

일반적으로 첫째아이가 태어나고 2년 정도가 지난 후에 둘째아이가 태어나면, 어머니는 첫째아이 때와는 꽤 다른 느낌을 경험합니다. 어머니는 어머니로서의 자신의 능력에 더욱 확신을 가지고, 갓난아이의 성장에 대해서도 덜 걱정합니다. 특히 첫째아이의 출산이나 성장이 꽤 순조롭게 이루어진 경우라면 더욱 그렇겠지요.

산부인과에서 나는 종종 둘째아이를 출산한 산모의 침대 옆 탁자에서 첫째아이의 사진을 봅니다. 그러한 어머니의 관심은 여전히 이 이별의 시간 동안 지금 곁에 없는 첫째아이에게로 쏠려 있습니다. 그녀는 첫째아이가 둘째아이의 탄생으로 인해서 상처를 입지는 않을까 걱정스러워합니다. 둘째아이에 대해서 느끼는 심리적인 동요 역시 더 작습니다. 다행스러운 점은 모성 본능은 둘째의 경우에도 역시 존재하며, 더 자연스럽고 안정적인 방식으로 발휘될 수 있다는 사실입니다. 대체로 둘째아이를 분만한 어머니들은 보다 차분한 모습을 보여 줍니다.

하지만 이 새로운 시기의 고유한 여러 요소들이 어머니와 새로 태어난 아이의 관계를 특징 짓습니다. 예를 들어, 첫째아이의 성별에 무의식적으로 실망했지만 둘째아이가 자신이 바라던 대로 아들이거나 딸이라면, 어머니는 둘째아이에게 완전히 다른 태도를 보여 주기도 합니다. 새로 탄생한 아이와 어머니의 관계 또한 어머니의 직업적인 상황이 보다 안정된 상태인지 힘든 상태인지에 따라, 어머니가 자신의 어머니나 배우자의 가족들과 관계가 좋은지에 따라 첫째아이와의 관계와 아주 다를 수 있습니다.

둘째아이의 어머니

대체로 둘째아이는 평온한 분위기 속에서 탄생합니다. 아버지 역시 자신의 역할에 보다 적응된 상태입니다. 대부분의 가정은 첫째아이와의 관계를 가장 우선시합니다. 수많은 아버지들이 둘째아이가 탄생하는 순간이나 강력한 감정을 경험하는 시기에 첫째아이를 찾는다고 말했습니다. 어머니와 마찬가지로 아버지도 첫째아이 때보다 둘째아이가 태어날 때 덜 혼란스러워합니다. 아이의 성이나 가족의 구성이 달라지고, 그로 인해서 새로운 모험을 해야 하는 경우를 제외하면 말입니다. 모성 본능 역시 같은 상태가 지속됩니다. 단지 이미 경험을 쌓았고 책임감이 더 강해진 어머니가 산부인과 전문가들에게 더 이상 큰 영향을 받지 않을 뿐이지요.

어머니는 자신의 느낌을 주장할 수 있습니다. 아기를 곁에 두고서 모유 수유를 하고 싶다고 당당히 말할 수 있습니다. 산부인과에서 며칠을 보내고 퇴원한 후에도 어머니와 아버지의 불안감은 훨씬 덜합니다. 그들은 더 이상 수천 가지 열띤 질문으로 병원 관계자들을 괴롭히지 않습니다.

그러므로 둘째아이는 첫째아이의 기쁨에 찬 환영을 받으면서 보다 안정된 가정 속으로 들어갈 수 있습니다. 그 다음 몇 달 동안 어머니는 첫째아이에게 완전히 마음을 빼앗깁니다. 그때쯤이면 말을 배워 자신이 원하는 것을 요구할 수 있는 첫째아이는 부모와의 특별한 관계를 누리던 습관을 여전히 지니고 있기 때문입니다. 따라서 둘째아이를 향한 첫째아이의 질투를 마치 병인 양 취급해서는 안 됩니다. 오히려 그때까지 부모의 유일한 관심사였던 아이로서는 자신의 영역을 지키고자 하는 자연스러운 경향일 뿐입니다.

첫째아이는 또한 끊임없이 어머니가 갓난아이를 돌보는 것을 방해하고, 어머니에게 말을 걸고, 자신이 지루해 하고 있다는 것을 표현하기 위해서 떼를 쓰기도 합니다. 만 한 살에서 세 살 사이의 아이들에게서 나타날 수 있는, 탐험에 대한 끔찍한 욕구에서 비롯된 이러한 행동들은 어머니가 갓 태어난 아이와 결합된 상태에 있다는 사실에 의해 더욱 자극을 받습니다. 첫째아이는 우리가 묘사했던 이 행복한 상호 작용을 방해하고 끼어들려고 애씁니다.

둘째아이가 더 자율적이다?

어머니는 바로 그런 이유로 도움이 필요합니다. 둘째아이에 대한 모성 본능이나 보살핌이 어쩔 수 없이 첫째아이의 방해를 받기 때문에, 어머니는 첫째아이를 나무랍니다. 첫째아이는 꾸지람을 들을수록, 자신의 어머니가 변했다고 생각합니다. 그래서 더욱 화를 내고 투정을 부리지요. 이 악순환의 늪에 빠지지 않으려면, 그리고 첫째아이의 단순한 투정을 질투로 치부해버리기 전에 어머니는 첫째아이에 대한 부담감으로부터 잠깐이나마 벗어날 필요가 있습니다. 예를 들면 오전마다 첫째아이를 유치원이나 놀이방에 보내는 것도 좋은 방법입니다.

종종 어머니들은 이런 말을 하지요. "나는 둘째아이가 태어난다고 해서 첫째아이를 그런 곳에 보내고 싶지는 않아요. 그러면 아마 첫째아이는 질투가 더욱 심해질 거예요." 하지만 아이는 나이나 욕구에 맞춰서 살아가야 합니다. 그러므로 첫째아이에게 여전히 태아 상태에 가까운 둘째아이는 친구를 사귈 수도 없으며, 그림을 그리거나 찰흙 놀이를 할 수도 없고, 걸을 수도 없고, 놀 수도 없다는 사실을 설명해 주는 것이 좋습니다. 사실 이 모든 것들을 할 수 있는 첫째아이는 이미 특권을 누리고 있는 셈이니까요. 설령 그 아이가 외동 아이라고 하더라도, 그 아이는 자신의 꼬마 친구들과 함께 자신의 나이에 할 수 있는 놀이들을 즐기면서 행복해 할 것입니다. 둘째아이가 생겼다고 해서 첫째아이를 네 개의 벽 속에 가두어서는 안 됩니다. 만일 그렇게 한다면 아이의 투정과 짜증은 더욱 심해질 것입니다.

우리 나라의 놀이방의 구조는 보다 개발될 필요가 있습니다. 첫째아이는 하루 종일 놀이방에 있을 수 있어야 하며, 열렬한 환대를 통해서 그곳에 있는 동안 행복할 수 있어야 하고, 자신의 흥미를 일깨워 주는 놀이를 즐길 수 있어야 합니다. 아버지 역시 어머니를 첫째아이에 대한 부담감으로부터 구해 주는 데 큰 몫을 할 수 있습니다. 조부모 역시 마찬가지입니다. 첫째아이를 보살펴 줌으로써 그들은 어머니가 보다 안정된 분위기에서 새로 태어난 둘째아이를 돌볼 수 있도록 배려해 주어야 합니다. 조부모는 또한 부부만의 친밀감을 즐길 수 있도록 약간의 자유를 허용해 줄 수 있습니다.

어머니가 아이와 분리되어야겠다고 결심하는 시기는 둘째아이의 경우에는 조금 이릅니다. 여기에는 여러 가지 이유가 있습니다. 무엇보다 분명한 첫 번째 이유는 어머니의 피로감 때문입니다. 두 아이를 돌보는 것은 정말로 지치는 일이기 때문에, 어머니는 기운을 회복할 필요를 느낍니다. 두 번째 이유는 앞서도 얘기했듯이 보다 안정된 상태이기 때문입니다. 게다가 둘째아이는 처음부터 첫째아이와 부모를 공유해야 했기 때문에, 태어날 때부터 자신을 세상의 중심으로 느끼지 않는다는 사실도 한몫을 합니다.

따라서 대부분의 둘째아이는 보다 자율적이고 안정적입니다. 하지만 규칙의 준수나 의사 소통 능력이 다소 떨어지기 때문에 주의를 기울일 필요가 있습니다. 우리가 흔히 생각하는 것과는 달리 둘째아이는 대체로 첫째아이보다 말이 느립니다. 사실 어머니는 첫째아이 때보다 둘째아이에게 말을 가르치는 노력을 덜하게 되고, 이미 말을 할 줄 아는 첫째아이가 둘째아이에게 기회를 주지 않고 어머니와의 대화를 독차지하는 경우가 많기 때문입니다. 다른 한편으로 부모들은 이미 첫째아이를 통해서 모든 것을 경험했기 때문에 둘째아이의 첫 걸음마나 첫 옹알이에 대해서도 크게 감탄하지 않습니다. 따라서 둘째아이는 보다 새침한 태도로 세상을 살아가고, 어른들이 전달하는 가치로부터 영향을 덜 받습니다.

개인의 성격이 아니라 가족 내에서의 서열로 특징지어진 이러한 특성은 종종 학교 생활에서 장애물로 작용할 수 있습니다. 둘째아이들은 선생님으로부터의 지시 사항을 알아듣는 것을 더 힘들어 하거나 망설일 수가 있습니다. 어머니가 특히 처음 몇 년 동안 첫째아이의 방해를 받지 않고 둘째아이와 의사 소통을 하면서 둘째아이에게 몰두할 필요가 있는 것은 바로 이러한 이유들 때문입니다.

힘든 시련 속에서의 부부

부모가 느끼는 피로감은 둘째아이가 만 두세 살이 되는 시기에 극에 달합니다. 분명히 부모들은 활달하고 생기에 찬 두 명의 사랑스러운 자식들과 가족을 구성한 것에 대해 행복해 합니다. 하지만 통계에 따르면, 그 시기가 되면 아버지들은 아이들의 교육에 점점 더 열의를 잃게 된다고 합니다. 아버지는 자신의 직장 생활에 더욱 몰두하고, 그것이 모두 가족들을 위한 것이라는 아주 좋은 구실도 가지고 있습니다. 저녁마다 다루기 힘든 두 아이의 비명과 투정으로 소란스러운 집으로 돌아오는 일이 아버지에게 힘겹게 느껴집니다. 대부분의 경우 자신의 일을 다시 시작한 젊은 어머니 역시 두 아이를 돌보느라 정신을 못 차리고, 아이들과 충분히 함께 있어 주지 못하는 것에 죄책감을 느끼기도 합니다.

이러한 생활 리듬은 양쪽 부모 모두를 탈진시키는데, 이는 그들이 분명하게 의식하지 못할수록 그들에게 더욱 해롭게 작용할 수 있습니다. 어머니와 아버지는 더 이상 자신들을 위한 시간을 충분히 가지지 못하고 두 사람 사이의 친밀감도 점점 덜해집니다. 거기다가 직장에서 보낸 시간에 대한 죄책감을 보상하기 위해서 자신들의 여유 시간을 몽땅 아이들에게 쏟아붓는다면, 그들은 더 이상 둘만의 대화를 나누거나 특별한 관계를 즐길 수 없습니다. 따라서 이때가 극도로 위험한 시기라는 사실을 젊은 사람들에게 꼭 경고

해 주어야 합니다. 만일 내가 앞서 말했던 '부부간의 협력 처방'을
실천하는 문제를 고려하지 않는다면, 부부는 정말로 이혼의 위기
에 처할 수도 있습니다.

9

이혼하면
아이는 누가 키우나

아이들이 부모로부터 듣고 싶어하는 말은

"너도 알다시피, 나는 너를 여전히 사랑하고 있단다"가 아니라,

"나는 여전히 네 엄마(혹은 아빠)를 사랑한단다"입니다.

상처가 진정되고 나면 이혼한 부모들은

서로에게 계속해서 깊은 애정과 진정한 아량을 베풀 수 있어야 합니다.

 이혼하면 아이는 누가 키우나

젊은 부부가 아이 없이 특별 면담을 요구하면, 나는 무슨 일인지 대충 짐작할 수 있습니다. "선생님, 우리 아이에게 설명하기 전에 선생님께 먼저 말씀드리려고 왔습니다. 우리는 곧 이혼을 하려고 합니다."

부부 사이의 긴장된 분위기는 더욱 팽팽해집니다. 그들을 개별적으로 만나면, 그들은 각자 나로부터 상대방에 대한 비난이나 불평에 대해서 동조를 얻으려고 합니다. 그러면 나는 첫 아이를 출산한 이후로 두 사람 사이에 얼마나 많은 오해가 싹텄는지 이야기해 주려고 합니다. 부부 각자가 서로의 관심사에서 소외되어 서서히 서로에게 낯선 사람이 되어버린 것입니다.

부부 두 사람이 함께 내 진료실에 있는 경우에는 서로 "정신과 의사를 찾아가봐라"는 충고와 함께 심한 욕설이 오가기도 합니다. 다시 말하면 "심리적으로 문제가 있는 것은 바로 당신이다" "모든 책임은 당신에게 있다, 나는 건전한 사고 방식을 가지고 있다"고 상대에게 말하고 싶은 거겠죠. 불화의 원인은 점점 더 늘어납니다. 경제적인 문제, 성적인 문제, 가사 문제, 교육 문제 등 모든 것이 거론됩니다. 하지만 대부분의 경우에 이러한 위기의 원인은 확연히 드러납니다. 그것은 서로가 서로에게 특히 냉담하거나 정신이 이상하다거나 무책임해서가 아닙니다.

앞서 말했듯이, 아이의 탄생이 아주 특별한 에너지를 요구할 것이며, 일정한 시기 동안 마치 자신을 잃어버린 듯 정신 없이 보내게 될 것이라는 사실을 그 젊은 부부는 미리 주의받지 못했기 때문입니다. 일단 아이가 만 세 살의 고비만 넘기면, 모든 상황이 제자리를 찾고 부부는 서로에게 다시 관심을 쏟게 됩니다. 그러므로 성급하게 돌이킬 수 없는 말이나 결정을 하는 것은 무척 유감스러운 일입니다.

어머니는 왜 이혼을 생각하는가

우리가 이미 살펴보았듯이, 아이의 수가 늘어남에 따라 남자는 더욱 일에 몰두하고 집안 일에 무관심해집니다. 나는 그러한 세태를 비꼬고 싶은 것이 아니라, 단지 너무도 만연해 있는, 그 결과가 너무도 고통스러울 수 있는 밑그림에서 젊은 남자들을 조명해 보고 싶을 뿐입니다. 아버지의 귀가 시간은 점점 더 늦어집니다. 하지만 그는 아내가 더 이상 자신에게 신경을 써줄 틈이 없으며, 오직 아이들을 돌보는 일에만 전적으로 매달리고 있다고 느낍니다. 반면에 아내가 그에게 더 이상 의존하지 않는 데에 점점 익숙해지고 있다는 사실을 깨닫지 못합니다.

어머니는 크고 중요한 일을 스스로 관리하는 습관을 들여갑니다. 아이들의 일상적인 요구를 들어 주어야 하는 것은 어머니의 몫이며, 집안 문제나 유모와의 문제에 신경 써야 하는 것도 어머니의 몫입니다. 아버지가 텔레비전 리모컨을 점령하고서 텔레비전이나 신문에 빠져 있는 동안, 어머니는 아이의 기저귀를 갈아 주고 동화책을 읽어 줍니다.

아버지의 책임 회피는 그들 스스로 아이가 자신보다는 어머니에게 심리적으로 가까우며, 어머니로부터 보다 나은 보살핌을 받고 있다고 생각하는 데서 비롯됩니다. 최근에 이혼한 한 어머니가 나에게 이런 말을 했습니다. "나는 남편이 주말에 아이들을 돌보는 모습을 보면서, 그가 햄퓨레 요리를 만들 줄 안다는 사실을 처음으로 알았어요!" 남자들은 대부분 말보다 행동에 강합니다. 그들은 하루 종일 움직입니다. 집으로 돌아오면 아버지는 아들과 잠깐 놀아 주거나, 아들이 어머니의 뜻을 따르지 않은 것이 있다면 잠깐 꾸짖기도 합니다. 그러고 나면 아버지로서의 역할을 완수했다고 생각하고 휴식을 취하거나 개인적인 활동에 몰두합니다.

서로를 연결시켜 주는 아이가 있음에도, 어머니는 아버지 곁에서 점점 더 외로워집니다. 그러다가 아버지가 자신의 남성성을 회복하고 싶어 다른 여자와 만나기라도 하면, 어머니는 여자로서의 정체성에 깊은 상처를 받지요. 그래서 어머니는 자신의 남편이 아이에게도 아무런 도움이 되지 않으며, 차라리 혼자 아이를 키우는 것이 낫겠다고 생각합니다. 그리고 이러한 생각 역시 나름대로 설득력이 있어 보입니다. 결혼 상태의 아버지가 아이와 함께 보낸 시간과, 이혼 상태의 아버지가 아이와 함께 보낸 시간을 비교했을 때, 이혼한 아버지가 오히려 더 많은 시간을 아이와 함께 보내고 있었으니까요.

왜 여자들이 이혼을 더 많이 요구하는가

이혼 청구의 70퍼센트가 여자들에 의해서 이루어집니다. 부부 생활을 하면서도 외롭다고 느끼는 여자들은 혼자서도 아이를 키울 수 있을 것이라고 생각합니다. 그리고 그녀들은 이혼한 부부의 74퍼센트가 여자들이 아이의 양육권을 가진다는 사실을 알고 있습니다. 그것은 아버지가 따라잡기 힘든 어머니의 특권이라고 할 수 있습니다. 사실 모든 사람들이 어머니가 아이를 더 잘 키울 수 있을 것이라고 생각하며, 아이의 양육권을 계속 요구하는 아버지는 전체의 16퍼센트에 불과합니다. 수많은 아버지들이 계속 같은 집에서 살면서 현 상태를 유지하고 싶어합니다. 하지만 이런 해결책은 어머니의 정체성에 타격을 입히고, 그 결과 아이의 성장이나 아이가 자신의 아버지에 대해서 가지고 있는 이미지에 손상을 줄 수 있습니다.

내가 상황을 너무 비관적으로 본다고는 생각하지 마시길. 나는 이와 비슷한 이야기를 진료실에서 수없이 들어왔습니다. 그들이 이혼에 이르는 이유는 아내가 너무 냉담하기 때문이 아닙니다. 몇 년이 지나면 아내는 재혼을 하고, 자신의 아름다움이나 성적인 매력을 다시 회복하겠지요. 그렇다고 해서 남편이 끔찍하게 이기적이기 때문도 아닙니다. 그는 자신의 부부에게 왜 위기가 찾아왔는지 분석해 보고 다음 번 결혼에서는 완전히 다른 아버지와 배우자가 될 수도 있습니다. 그렇다면 부부 두 사람 모두 이렇게 변할 수 있는데, 왜 처음의 결합이 깨져야만 할까요? 이 이혼이 서투른 초보 부모들에게 충분히 있을 수 있는 일에서 비롯되었고, 이미 아이가 있는 상태에서 새로운 가정을 형성하는 것이 더 힘들 것임은 불 보듯 뻔하기에 더욱더 어리석게 느껴집니다.

치유보다 예방이 더 낫다

가능한 한 많은 아버지와 어머니가 이 책을 읽기를 희망하면서, 몇 가지 간단한 예방책을 제안하고자 합니다.

어머니에게는 이런 말을 하고 싶습니다. 당신의 아이는 아버지와 함께 있는 것보다 부모가 서로 사랑하는 모습을 보고 싶어합니다. 그러므로 아이 아버지와 당신의 관계는, 설령 이혼했다 하더라도 아이 아버지가 아이와 함께 있어 주는 시간만큼이나 중요합니다. 그러므로 어머니로서의 역할이 아무리 숭고하다 하더라도 거기에만 전적으로 몰두하기보다는 부부만을 위한 시간을 조금씩 가지는 것이 더 낫습니다.

아버지에게는 아이가 태어난 후 처음 몇 달 동안 어머니가 아이와 완전히 결합된 것처럼 보이는 것은 아주 자연스러운 현상이라는 것을 이해시키고 싶습니다. 아이 어머니는 이 아이를 낳게 해준 남자를 더 이상 사랑하지 않는 것도 아니며, 더 이상 매력이나 성적 욕구를 회복할 수 없게 되어버린 것도 아닙니다. 만일 당신이 그녀의 어머니로서의 감정을 존중해 준다면, 그녀는 다시 당신을 유혹하고픈 욕구를 느끼고, 자발적으로 여자로서의 위치로 돌아갈 겁니다.

이러한 진실들을 잘 기억하고 부부 생활에 필수적인 타협을 해나간다면, 이혼이라는 가슴 아픈 상처를 피할 수 있을 것입니다. 이혼은 부모에게뿐만 아니라 아이에게도 끔찍한 비극입니다. 그리고 최상의 경우 부부가 각각 새롭게 가정을 꾸민다 하더라도, 또다시 적응 과정을 거쳐야 할 것입니다. 그리고 이번에는 당신의 새로운 배우자가 이전의 배우자와의 사이에서 태어난 아이에 대한 욕구를 인정하기까지 보다 미묘하고 힘든 적응 과정을 거쳐야 합니다.

왜 이렇게 복잡한 그림 속에 뛰어들려고 하나요? 그렇다고 해서 절대로 이혼을 해서는 안 된다는 얘기는 아닙니다. 하지만 그 이유가 합당한지를 잘 따져보고, 서로 생각할 시간을 충분히 가져야겠지요. 드물게 이혼이 불가피한 경우도 있지만, 오늘날 대부분의 이혼은 부부간의 신경전에서 비롯된 것입니다. 젊은 사람들은 부모로서의 처음 3년간을 미처 준비하지 못했던 겁니다.

재혼을 하고 난 후에 자신의 과거 이혼에 대해서 좀더 객관적으로 생각할 수 있게 된 사람들은 문제를 좀더 간단하게 해결할 수도 있었을 것이라는 사실을 뒤늦게 깨닫곤 합니다.

이혼이 불가피할 때

하지만 단순한 부모로서의 탈진이 아닌 보다 심각한 이유, 예를 들면 약물 중독, 알코올 중독, 폭력, 경제적 책임 부족, 심각한 우울증, 배우자의 외도 등의 이유로 이혼이 불가피한 경우도 있습니다. 이런 경우에 아이의 양육권을 둘러싼 분쟁이 시작됩니다. 부모들은 종종 아이가 누구와 사는 것이 좋을지에 대한 문제로 상담하기 위해서 찾아오곤 합니다.

어머니, 아버지 각각과 함께 하는 시간보다 아이에게 중요한 것은 부모가 새로운 협력 관계를 이루어내는 것입니다. 부부로서의 관계는 끝났다고 하더라도, 부모로서의 관계는 계속되어야 합니다. 말하자면 이혼한 부부는 친구로 남기 위해서 모든 노력을 다해야 합니다. 이미 관계가 끊어진 상황에서 그것은 분명 힘든 일이겠지요. 두 사람이 새로운 관계를 생각하기에는 서로에 대한 고통이나 패배감이 너무도 클 테니까요. 뿐만 아니라 종종 우울해 하는 젊은 부모를 위로한답시고 주위 친지나 친구들이 부추기는 통에 서로에 대한 원한만 깊어지지요.

하지만 아이에게 어머니와 아버지가 여전히 결합된 상태라는 것을 보여 주기 위해 할 수 있는 모든 노력을 다해야 합니다. 부모들이 믿고 있는 것처럼 아이들이 부모로부터 듣고 싶어하는 말은 "너도 알다시피, 나는 너를 여전히 사랑하고 있단다"가 아니라, "나는 여전히 네 엄마(혹은 아빠)를 사랑한단다"입니다.

상처가 진정되고 나면 이혼한 부모들은 서로에게 계속해서 깊은 애정과 진정한 아량을 베풀 수 있어야 합니다. 비록 이혼했지만 새로운 형태의 애정을 통해서 깊은 유대를 형성하고 있는 부모의 아이들은 그다지 괴로워하지 않을 것입니다. 그 아이들은 또한 '엄마와 아빠가 다시 친구가 될 거라는 것을 알아요'라고 생각할 수 있기 때문에 다른 사람들로부터 어떤 모욕적인 말을 들어도 덜 혼란스러워합니다. 그들 역시 친구들과 아주 사이가 나빴던 적이 있기 때문에, 곧 화해도 가능하다는 사실 역시 알고 있습니다. 따라서 약간의 거리를 두는 것에 익숙해지면, 아이들 역시 자신의 자리를 지킬 수 있습니다.

모성 본능을 존중해 주어야 한다

아이의 거주지를 결정하는 문제는 부모들이 가장 대립하는 부분입니다. 생후 6개월 된 아기를 서로 차지하려고 싸우는 부부를 본 적이 있습니다. 그들은 양육 시간을 철저히 공평하게 나누는 것에, 다시 말하면 격주로, 그리고 휴가 기간에는 절반씩 아이를 돌보는 것에 합의했습니다. 하지만 생후 6개월 된 아이에게 휴가가 무슨 의미가 있을까요? 그것은 단지 어머니와의 굉장히 긴 이별을 뜻할 뿐입니다. 나는 어머니가 아이를 감싸고 있는 보호막은 부드럽게 열려야 한다고 강조해 왔습니다. 그리고 아버지들에게 만일 그들이 자신의 아버지로서의 자질을 입증해 주는 증명서나 변호사의 도움으로 어머니를 공격하기보다 어머니의 모성애를 존중해 주고자 한다면, 오히려 아기를 보다 자주 볼 수 있는 기회를 가질 수 있을 것이라고 말해 주고 싶습니다.

만일 아버지가 자신의 배우자에게 어머니로서의 감정을 존중해 주겠다는 확신을 심어 주면, 어머니는 그에게 고마움을 느낄 테고, 그렇다면 당연히 아이에게 아버지에 대한 좋은 이미지를 심어 주겠지요. 아버지에 대한 좋은 이미지는 아이와 함께 하는 시간보다 훨씬 더 아이에게 중요한 아버지라는 존재에 대한 매개체가 됩니다. 아이가 어릴수록 어머니의 요구에 주의를 기울여야 합니다. 그리고 어머니는 어떠한 경우에도 아버지의 자리를 빼앗아서는 안 됩니다. 왜냐하면 아버지의 역할은 '제2의 어머니'가 되는 것이 아니라, 어머니를 보호하는 것이기 때문입니다. 이러한 상황에서 만 두 살 미만의 아이들에게 가장 이상적인 방법은 아버지를 자주 만나게 하여 너무 급작스럽게 관계를 끊어버리지 않는 것이겠지요. 생에티엔느(Saint-Étienne)의 종합병원에서 정신과 의사로 일하고 있는 모리스 베르제(Maurice Berger) 역시 같은 맥락에서 이렇게 말했습니다.

"만 18개월 내지 두 살이 될 때까지 지나치게 자주 환경이 바뀌면 아기가 불안해 한다는 사실은 과학적으로 확인되었다. 즉 아기가 모호한 불안증을 깊이 간직하게 되는 것이다. 뿐만 아니라 아기는 자신의 머릿속에 어머니의 모습을 일정한 시간 이상 간직하지 못한다. 생후 몇 개월밖에 되지 않은 아기에게는 2, 3일이 최대 한계이다. 그 정도 시간이 지나고 나면, 아기는 어머니를 잃어버렸다고 생각할 수도 있다. 이 시기 동안 아버지가 아이에게 훨씬 더 주의를 기울일 수도 있겠지만, 아버지는 절대로 어머니와 같을 수는 없다. 아이가 나이가 들면 상황은 또 달라진다."

아기를 강압적으로 빼앗기지 않았기 때문에 안정된 감정을 유지하는 어머니는 여자로서의 정체성을 되찾고 삶에 대한 의욕을 회복하면, 어머니로서의 감정을 배려해 주는 아이 아버지에게 아이를 맡기는 것에 대해 기꺼워할 것입니다. 처음에 아버지는 아이를 잃어버렸다고 느낄 수도 있습니다. 하지만 결국 그는 자신의 권리를 지키기 위해서 치열하게 싸웠던 아버지들보다 더 쉽게, 그리고 더 자주 자신의 아이를 볼 수 있습니다. 그리고 아이들 역시 부모 사이의 이러한 화합에 행복해 할 것입니다. 내가 너무 이상적이라고 말할지도 모릅니다. 하지만 그렇지 않습니다! 요즘 우리 의사들은 부모들에게 가정 상담을 받아보도록 많이 권하고 있습니다. 가정 상담은 현재의 문제에 대해서 올바른 시각을 가질 수 있도록 이끌어 줍니다.

만일 부부가 계속해서 각자의 역할을 균등하게 수행하기를 원한다면, 그들은 아이에 대해서 교환 거주지 제도를 요구할 수도 있습니다. 이 제도에 반대하는 사람들은 그 제도가 아이의 행복에 대한 염려보다는 어른들의 욕심에서 비롯된 것이며, 어린아이가 두 집 사이를 오가는 것은 힘든 일이라고 주장합니다. 뿐만 아니라 이러한 경우 아이에게 집은 머무를 수 있는 곳이 아니라 언제든지 떠나야 하는 곳으로 인식될 수 있습니다. 하지만 나는 이러한 교환 거주지 제도의 법적인 제도화가 일종의 진보라고 생각합니다. 아버지의 집과 어머니의 집에서 똑같은 시간을 보내는 거주 방법은 부모들에게 충돌을 피할 수 있는 새로운 타협점을 찾도록 해줍니다.

더 시간이 지난 후에 안정된 관계를 회복하면, 부모들은 아이의 바람에 따라 공식적인 주거주지를 선택할 수도 있을 것이라고 생각합니다. 부부 사이에 신뢰가 자리잡히면, 그들은 이 제도를 보다 융통성 있게 적용할 수도 있습니다. 각자의 집이 얼마나 떨어져 있든 항상 해결책은 있게 마련입니다. 그리고 그러한 해결책이 차분한 협의 과정에서 나왔을 때 아이에게 이로울 수 있습니다.

만일 부모가 아이를 자신의 질투심과 자기애로 인한 상처를 치유하거나 상대방을 괴롭힐 목적으로 이용하지 않는다면, 그리고 아이를 상대방의 집으로 보내면서 아이를 잃을까 두려워하지 않는다면 말입니다. 초기의 격정적인 감정들이 사라지고 나면, 어머니는 점점 더 아이에게 아버지란 존재가 얼마나 중요한가를 인식하게 됩니다. 특히 아이가 사춘기가 되었을 때, 아이가 아버지와 끈끈한 관계를 유지하고 있다면 어머니는 훨씬 더 아이에 대해서 안심할 수 있을 것입니다.

만일 어머니가 아버지와 아이의 관계를 배려해 주지 않거나 방해한다면, 시간이 흐르는 동안 쌓인 나쁜 감정들은 특히 아이가 청소년이 되는 순간에 어머니 자신에게 고스란히 돌아옵니다. 청소년들은 항상 맞서 싸울 어른을 필요로 하니까요. 만일 아이가 접촉해 온 사람이 오직 어머니뿐이라면, 아이는 성장하는 데 의지할 수 있는 기준을 잃어버리고 맙니다. 만일 부모가 친구 같은 관계를 유지한다면, 아이는 두 사람 사이를 오가다가 결국 자신의 길을 찾게 됩니다.

돈, 신경전?

"내가 떠나기를 원한다고? 다른 남자라도 생긴 모양이지? 난 당신에게 한 푼도 줄 수 없어!" 돈이 상징하는 의미는 매우 중요합니다. 아이의 생활에 물질적인 기여를 할 수 없는 아버지들은 다양한 구실을 찾습니다. "이 돈으로 네 엄마가 다른 사람과 살게 할 수는 없어." 이 돈을 일종의 세금으로 지불한다고 생각하면 안 되는 것일까요? 사실 어머니가 그 돈을 아이를 위해서 쓰리라는 것은 누구나 압니다. 하지만 남자들에게 돈은 종종 복수나 복종의 수단이 되지요. 그것을 남성적인 힘의 상징으로 이용하는 겁니다. 하지만 돈을 이런 식으로 사용하면, 아버지는 자신의 아이에게 피해를 주게 됩니다. 왜냐하면 아이에게 가능한 한 최상의 안락함을 제공하거나 긴 학업의 뒷바라지를 하거나 과외활동을 시키기 위해서 훨씬 더 많이 일해야 한다면, 어머니는 아이의 교육에 신경을 쓰거나 애정을 쏟아부을 시간을 당연히 줄일 수밖에 없으니까요. 그리고 아이들의 입장에서는 어머니가 무관심해졌다고 느끼겠지요.

"나는 돈 때문에 말썽을 일으키고 싶지는 않아요." 이는 그로 인해 손해를 보는 것이 아이들에게 쏟아부어야 할 시간이라는 사실을 전혀 모르고 하는 말입니다. 그러므로 나는 부모들에게 이와 관련된 분쟁은 각자의 변호사에게 맡겨두고 신경 쓰지 말라고 권하고 싶습니다.

어머니에게 문제가 있다면

사실 어머니의 심리 상태가 아주 불안정하거나 약물 중독과 같은 문제를 가지고 있을 수도 있습니다. 이러한 경우에는 아버지가 아이의 주거주지를 책임지는 것이 바람직하겠지요. 물론 그러한 경우에도 아이와 어머니의 관계를 완전히 끊어버려서는 안 되겠지만 말입니다. 이러한 경우는 극히 드물지만, 이러한 문제로 도움을 청하는 아버지들이 종종 있습니다. 그들은 아이뿐만 아니라 문제가 있는 아이 어머니에게 놀라울 정도로 진심 어린 지지를 보내기도 합니다.

어머니나 아버지가 심리적으로 혼란스러운 상태라 하더라도 그들을 아이와 떼어놓으려고 해서는 안 됩니다. 이런 경우라면 가정 문제 전문인 심리학자를 찾아가서 상담을 해보는 것도 도움이 됩니다. 그리고 당신이 아이와 함께 살기로 했다면, 아이가 당신의 아픈 전처 혹은 전남편과 단둘이 만나지 않도록 중재 장소를 정해서 서로 만날 수 있도록 주선해 주어야 합니다. 그리고 그 혹은 그녀가 심리적인 상처를 치유할 수 있도록 가능한 모든 도움을 주어야 할 것입니다. 하지만 이러한 문제는 혼자서 책임질 수 있는 일이 아닙니다. 그 혹은 그녀에게는 의사나 가족이나 법정의 도움이 필요합니다.

10
너무도
상처받기 쉬운
어머니

우리는 초보 엄마를 비난하기보다는 보호해 줌으로써
그녀의 아이 역시 보호할 수 있습니다.

모성 본능은 존재합니다.

하지만 모성 본능은 너무도 상처받기 쉬우며
많은 결함을 가지고 있습니다.
식욕에 대한 본능이 심리적인 문제로 인해서 병적인 허기증이나
식욕 부진을 일으키기도 하는 것과 마찬가지로 말입니다.

 ## 너무도 상처받기 쉬운 어머니

출산은 여성의 힘을 자연스럽게 드러내 줍니다. 임신 기간에 여자는 완전함을 느낍니다. 여자들이 '남근 숭배' 사상을 가지고 있기 때문이라고 말할 수도 있겠지만, 남자가 발기했다고 해서 반드시 강간범이 아니듯이 여자가 임신했다고 해서 반드시 권력을 남용하고자 하는 것은 아닙니다!

하지만 어머니들이 권력을 남용한다는 말을 종종 듣습니다. "사망한 후에야 좋은 어머니가 있을 수 있다. 아무리 애정이 넘치는 어머니라 하더라도, 어머니는 오직 사망한 후에야 아이의 자율성을 존중해 주거나 사려 깊은 태도를 보일 수 있다. 뿐만 아니라 오직 사망한 후에야 어머니를 지지하고 기분 좋게 회상할 수 있다. 여자들이 아이를 갖는 것은 무엇보다 그녀 자신, 그녀 자신의 쾌락, 그녀 자신의 기쁨을 위해서이다. 모성은 소유욕이다."

강력한 힘을 행사하려는 어머니?

모리스 마시노의 책,《과연 좋은 어머니는 존재하는가?(Y a-t-il de bonnes mères)》의 첫 부분에 나오는 이 문장은, 오늘날 대부분의 전문가나 심리학자들이 어머니들에 대해서 지니고 있는 관점과 흡사합니다. 어머니들은 자신의 나르시시즘을 충족시키고, 자신의 차이를 확인하고, 충족감을 맛보고, 성숙된 육체를 가지고, 신만큼 강력한 힘을 지니기 위해서 임신한다는 비난을 받습니다. 어머니들은 어머니로서의 역할이 부여하는 권력을 즐기고, 인형놀이를 하는 어린 소녀로 되돌아가거나, 남편을 대신할 아들을 가지는 데 탐닉합니다. 우리는 한편으로는 어머니들이 아이에게 젖을 먹이지 않고 우윳병을 물린다고 비난하고, 다른 한편으로는 아이에게 젖을 떼려고 하지 않고 너무 오랫동안 이러한 양육 상황을 즐기려 한다고 비난합니다. "여자들은 모든 것을 가지려 한다!" 여자들이 직업과 원하던 아이를 동시에 가지면 종종 듣는 말입니다. 사랑스러운 한 아이가 태어나고 아이가 정상이라는 사실에 안도할 때, 아이 어머니는 흔히 '행복해지기 위한 모든 것'을 다 가졌다는 말을 듣지요. 아이 어머니의 병실은 꽃과 선물과 과자로 가득 차고, 모든 사람들이 그녀를 축하해 주러 찾아옵니다. 그녀는 심지어 질투심을 불러일으키기도 합니다. 어머니가 되는 것은 세상에서 가장 행복한 일 아닌가? "우리가 믿고 있는, 혹은 우리가 지금까지 믿고 싶어했던 바와는 반대로, 어머니들은 아이를 위해 노력하거나 희생하는 것이 아니다. 어머니들은 자신을 위하여 모든 행동으로부터 아주 엄격한 비율의 만족감을 누리면서 즉각적인 혜택을 끌어내고 있다.

젖을 먹이고, 안아 주고, 기저귀를 갈아 주고, 보살펴 주고, 재워 주고, 산책시키고, 한마디로 말해서 성실한 모든 어머니들이 적응하게 되는 아기, 혹은 아이를 돌보는 일은 대부분의 경우에 어머니를 구속하기보다는 열광하게 만든다. 왜냐하면 그 일은 임신에 따른 필연적인 결과이기 때문이다"고 알도 나우리는 말했습니다. 자신의 아이를 돌보면서 행복해 하는 여자들에 대한 이러한 비난은 어머니의 본능적인 힘이 다른 사람에게 두려움이나 질투심을 불러일으키기 때문이 아닐까요? 여성적인 성향이 있는 모든 것에 대해서 사회적인 가치를 떨어뜨리려고 하는 경향 역시 같은 이유에서가 아닐까요?

하지만 이러한 다양한 이론들은 병원의 진료실에서 비밀스럽게 듣는 어머니들의 고백과는 전혀 맞지 않습니다. 오늘날 80퍼센트의 여자들이 산후 우울증으로 눈물을 흘리고 있으며, 그들 중에서 10퍼센트 이상의 여자들이 출산 후 석 달 이내에 심각한 신경쇠약을 경험한다고 합니다.

그렇다면 그 이유는 무엇일까요? 사실상 아이가 부부 생활이나 사회 생활에 개입하게 되면 초보 엄마에게 강요되는 적응 과정은 정말로 까다롭습니다. 그리고 다른 한편으로 초보 엄마들은 임신 기간에 늘 꿈꾸어오던 아기를 이제 실제로 직면하게 되었습니다. 그녀들은 상상해 왔던 아이와 현실의 갓난아이 사이에 나타날 수 있는, 어쩔 수 없는 괴리에 직면해야 합니다. 게다가 그녀들은 자신이 이미 어머니로부터 받았던 것을 아이에게 되돌려주어야 합니다. 그러다 보면 어린 시절이나 사춘기 시절의 모든 상처가 되살아나기도 합니다.

내가 강조했던 것처럼, 오늘날의 젊은 여자들은 모든 심리학자들로부터 차가운 어머니로 취급받는 그러한 세대를 살고 있습니다. 젊은이들은 자신이 받았던 교육을 비난하는 데에 어떤 거친 말도 서슴지 않습니다. 하지만 어머니는 어디에도 기댈 수가 없으며, 이것은 막 싹트기 시작한 한 생명을 키우는 데 막중한 부담감으로 작용합니다. 그래서 초보 엄마들은 요람에서 잠든 아기를 보면서 현기증을 느낍니다.

할머니를 없애야 하는가?

알도 나우리는 몇 년 전에 대학원의 소아과 전문 교육 과정에 참여하면서 다음과 같은 일을 경험했다고 합니다. 동료들에게 궁금한 점을 써서 제출하라고 했더니, 대부분 같은 질문이어서 크게 놀랐다는 것입니다. "할머니를 없애야 하는가?" 주된 문제나 비난의 대상이 되는 것이 외할머니라는 사실은 분명합니다. 내가 아직 할머니가 되어보지는 못했지만, 초보 엄마가 자신의 어머니와의 관계를 회복하는 것은 초보 엄마 자신에게나 갓난아이에게 무척 중요합니다.

오늘날 소아과 진료실의 벽이 많이 허물어지면서 할머니들은 조심스럽게 자신의 딸과 손주를 뒤따라 진료실 안으로 들어올 수 있게 되었습니다. 하지만 할머니들은 불행하게도 자신이 환영받지 못하는 존재라는 사실을 이미 잘 알고 있습니다. 그러면 나는 아기에게 이렇게 말하곤 합니다. "너 할머니 모시고 왔구나!" 그러면 연로한 부인들은 진찰대 가까이로 다가옵니다. 할머니들의 얼굴에 번지는 미소를 보면서, 내가 그녀들을 가족의 범주에 포함시켰다는 사실을 깨닫습니다. 그리고 그것은 아기에게도 아주 다행스러운 일입니다. 프랑수아즈 돌토는 말하기를, 초보 엄마는 자신의 주위에 있는 여자들, 산파나 의사가 그녀의 아이가 예쁘다는 사실을 확신시켜주기 위해서 그녀가 예쁘다거나 그녀의 어머니가 예쁘기 때문이라고 말해 줄 때 자신의 아이를 사랑할 수 있다고 했습니다. 이렇게 해서 "자연스러운 삼각 관계가 형성되어, 아기는 서로 사이가 좋은 두 어른 사이에 있을 수 있다"는 것입니다. 그리고 돌토는 이렇게 덧붙였습니다. "인간의 삶이란, 우리 부모가 우리로 인해서 느꼈던, 혹은 우리가 우리의 부모로 인해서 느꼈던 고통을 초월하는 것이다."

아이들에게 할머니를 돌려주어야 한다

아이들을 교육시키면서 우리는 부모, 심지어는 조부모가 우리에게 행했던 교육 방식을 반복하는 경향이 있습니다. 미국의 심리분석학자인 셀마 프레이버그(Selma Fraiberg)가 말했던 것처럼, 아이들의 방마다 조상들의 영혼이 떠돌고 있습니다. 많은 소아과 의사들은 할머니들이 지나치게 성급하게 딸의 육아 방식에 간섭하려 한다고 비난합니다. 하지만 내 생각에 오늘의 세태는 그 반대입니다. 할머니들은 자신들의 딸을 대신하고 싶어하지 않을 뿐만 아니라, 오히려 손자들의 육아에서 빠지고 싶어합니다. 그리고 그것은 초보 엄마들이 겪는 문제 중의 하나이기도 합니다. 하지만 만일 아주 예외적으로 도를 넘으려 하는 할머니가 있다 하더라도, 문제는 오히려 그러한 할머니들이 겉으로 나서고 싶어하지 않는 데 있습니다. 할머니들이 여전히 젊어서 아직 직장 생활을 계속하고 있거나 이제 그만한 자격이 있는 휴식을 즐기고 있다는 이유로 말입니다. 너무 멀리 떨어져 살고 있다는 것도 이유가 될 수 있습니다. 그리고 할머니들이 가까이 살면서 자신의 딸의 육아를 기꺼이 도우려 해도, 할머니가 손자의 애정을 빼앗으려 한다는 이론의 영향을 받은 딸들은 그녀의 도움을 꺼립니다.

그래서 할머니가 아주 가까운 곳에 살면서 아기를 귀여워하고 감각을 자극해 주고 노래를 불러 주고 유치원에 데리러 가고 동화책을 읽어 줄 준비가 되어 있는데도, 때론 차갑고 무심한 보모에게 아기를 맡겨버립니다. 가족의 가치관이 전달되는 것은 이런 방식을 통해서입니다. 아프리카 속담에 이런 말이 있지요. "한 아이를 키우려면 마을 전체가 나서야 한다." 아이는 자신의 뿌리, 자신의 과거를 알 필요가 있습니다. 할머니가 없는 우리의 아이들은 옛것에 대한 막연한 열정을 가지고 있습니다. 아이들에게 그들의 뿌리를 이야기해 줄 할머니를 돌려주어야 하지

않을까요? 우리는 무지로 인해 세대간의 전달을 단절시켰으며, 세대간의 단절된 분위기 속에서 아이를 세상에 내어놓고 교육시키는 일은 더욱 심해지고 말았습니다.

세대간 전달 회복하기

정신분석학적인 관점을 철저하게 따른다면, 우리는 자신의 어머니와의 관계가 단절된 예비 엄마가 너무도 연약한 상태라는 새로운 현실을 이해할 수 없을 것입니다. 괴물 같은 영향력과 완전한 단절 사이에 인간 관계의 회복을 위한 여지는 여전히 남아있을 수 있습니다. 우리는 어머니와 딸 사이에 원한과 두려움을 불러일으키기보다는 그러한 여지를 발견할 수 있게 해주어야 합니다. 그렇기 때문에 나는 초보 엄마나 그 주변 사람들, 혹은 심리학자에게 그 자신의 어머니를 비난하면서 돌이킬 수 없을 정도로 단절된 두 사람의 관계를 회복할 수 있도록 그들을 잘 이끌어 주어야 한다고 설득하겠습니다.

나의 지도교수는 지난 몇 년 동안 자신의 어머니와 위기 관계에 처해 있는 여자가 임신 기간에 얼마나 상처받기 쉬운지에 대해서 주장해 왔습니다. 그는 그러한 여자가 좋은 어머니가 될 수 있도록, 주위 사람의 도움이 무척이나 필요하고 중요하다는 사실을 강조하였습니다. 전문가들이 할머니를 대신할 수는 없습니

다. 따라서 그들은 세대간의 관계를 회복할 수 있도록 힘써 주어
야 합니다.

우리는 오늘날의 초보 엄마들이 출산을 왜 그렇게 두려워하는
지, 산후 우울증이 왜 그렇게 빈번한지를 잘 알고 있습니다. 선
물 상자와 사랑스런 아기 사이에서 그녀들이 왜 눈물을 쏟을 수
밖에 없는지 잘 알고 있습니다. 우리가 상상하는 열반의 경지와
는 상관없이, 그녀들은 사실상 이 아이를 위해서 자신의 평생을
바쳐야 한다고 느끼면서 자신에게 부과되는 막중한 책임감에 부
담을 느낍니다. 자신의 미래가 갑자기 이 까다로운 작은 생명체
의 요구에 완전히 희생되어야 할 것만 같습니다. 아이가 자신의
뱃속에서 몸을 웅크리고 나름대로의 리듬과 욕구에 따라 살아갈
때에는 이 아이를 돌보는 것을 간단하게 생각했건만, 자신의 새
로운 상황은 너무도 당혹스럽기만 합니다. '피할 수 없는 나의
의무, 끝나지 않을 나의 책임을 잘 수행할 수 있을까? 나의 삶을
영원히 짓누를, 어쩌면 나 혼자서 책임져야 할지도 모르는 이 생
명을 잘 돌볼 수 있을까?'

아이 아버지의 위로가 그 어떤 교훈적인 연설보다 아이 어
머니의 눈물을 멈추는 데 효과적이며, 딸에게 자신의 육아법
을 전달하면서 격려해 주는 할머니의 도움이 그 어떤 전문가
의 도움보다 이로울 것입니다. 그렇기 때문에 나는 할머니가

갓난아이의 진찰에 참여하는 것을 환영합니다. 그러면서 나는 자신의 딸의 모성 본능을 믿어보라고 할머니를 격려해 줄 수도 있습니다. 비록 그녀의 딸이 그녀로부터 배운 것과 같은 육아법을 행하지 않더라도 말입니다.

위기에 처한 어머니 돕기

해마다 7만 5천여 명의 여성들이 산후 우울증을 경험합니다. 이는 보건 당국에서 다루어야 할 문제인데도, 실제로 아무런 조치도 취해지지 않고 있습니다. 모든 어머니들을 비난하는 대신에 '나쁜' 어머니가 될 위험이 있는 어머니를 찾아내서 도와 주는 것이 더 낫지 않을까요? 어머니를 찬양한다고 해서, 모든 어머니들이 다 좋은 어머니라는 의미는 아닙니다. 단지 모든 어머니들이 존중받고 보호받아야 한다는 것입니다.

임신 기간 예비 엄마는 많은 관심을 받지만, 산부인과를 떠난 후에 초보 엄마는 모든 것을 혼자 알아서 처리해야 합니다. 그녀의 남편은 다시 직장으로 돌아가고, 그녀는 늘 이해할 수 있는 신호만을 보내지는 않으며, 자신이 적응해 나가야 하는 아기와 마주한 채 홀로 남겨집니다. 자신과는 인생의 다른 단계에 있으며, 따라서 위로를 받을 수도 없는 친구들과의 관계 역시 소원해집니다. 이렇게 해서 정말로 강렬한 감정, 진정한 변화에 휘말립니다. 그녀는 아이를 통해서 자신의 지난날들을 떠올리고 지나간 고통을 다시 느낍니다.

이제 3개월째 접어드는 초보 엄마들에게 물어보면 대부분이 우울한 시기를 경험했다고 털어놓습니다. 만일 가까운 사람들, 누구보다 아이의 아버지에게 자신의 그러한 느낌을 이야기할 수 있다면, 그리고 아이의 아버지로부터 위로받을 수 있다면, 그녀들은 아주 빨리 우울증에서 벗어날 것입니다. 하지만 아이의 어머니가 왜 우울해 하는지를 이해하기란 쉬운 일이 아닙니다. 아이의 아버지는 자신의 아내에게 극도로 주의를 기울이지만, 아내의 눈물을 그치게 할 수 없을 것 같은 느낌을 받을 수도 있습니다.

이런 경우라면 산후 우울증이 아기에게 해로운 영향을 끼칠 수도 있으므로 심리학자의 도움을 청해야 합니다. 아기에게 우유보다 더 중요한 것은 아기에게 젖을 먹이는 어머니의 따뜻한 말과 스킨십입니다. 그런데 어머니가 우울증에 사로잡혀 자기 안에만 갇혀 있다면, 아기는 의지할 곳이 없다고 느끼겠지요. 이처럼 완전히 기계적인 보살핌만을 주며 아무런 기쁨이나 의욕을 내보이지 않고 우울증에 빠져 있는 성인과 단둘이 지내는 아기는 점점 기력을 잃는 것으로 밝혀졌습니다.

한 어머니가 더 이상 자신의 아이에게 웃어 주거나 안아 주거나 귀여워해 주고 싶은 생각도 들지 않는다며 울먹이며 말한 적이 있습니다. "나 자신도 도저히 알 수가 없어요. 심지어 아이를 창문 밖으로 던져버리고 싶을 때도 있어요." 그녀는 완전히 지쳐 있었고, 아이보다 자신의 자아를 찾고 싶어했습니다. 그녀는 이 아이를 원했습니다. 하지만 비록 모유 수유를 하지 않는다 하더라도, 그녀는 자신의 생명력을 모조리 삼켜버릴 것만 같은 이 새로운 생명과 관련하여 자신의 삶을 재정비하지 못했던 것입니다. 사실 자신의 남편이나 부모로부터 사랑받지 못하는 여자는 자신의 아이를 사랑할 수 없습니다.

나는 우울한 기분을 느끼는 모든 어머니들이 '좋은 어머니란 행복해야 한다'는 선입견 때문에 우울하다는 사실을 감추지 말고 담당 의사에게 털어놓기를 희망합니다. 또한 모든 초보 아빠들이 그 사실을 이해하고, 자신의 아내가 이러한 상태를 혼자서 감당할 수 없을지도 모른다는 사실을 받아들이기를 바랍니다. 사실 우울증의 원인은 이해할 수 없는 경우가 많으며, 의사들 역시 그러한 점을 경고하고 있습니다. 우리는 초보 엄마를 비난하기보다는 보호해 줌으로써 그녀의 아이 역시 보호할 수 있습니다.

우리가 살펴보았듯이, 모성 본능은 존재합니다. 하지만 모성 본능은 너무도 상처받기 쉬우며 많은 결함을 가지고 있습니다.

식욕에 대한 본능이 심리적인 문제로 인해서 병적인 허기증이나 식욕 부진을 일으키기도 하는 것과 마찬가지로 말입니다. 그러므로 나는 다음과 같은 점들을 강조하고자 합니다. 어머니를 자격 없는 어머니로 취급하거나 그 행동을 비난하는 대신에, 어머니 주위에 있는 사람들, 할머니, 남편, 의료진, 보육 관계자, PMI, 심리학자 등이 어머니를 지지해 주고, 갓난아이와의 본능적인 관계에서 어머니를 보호해 주고, 가족과의 관계를 회복시키기 위해서 어떤 도움을 주어야 할지 생각해 보아야 한다고 말입니다.

모성 예찬

비교문화학, 인류학, 신경과학, 발달심리학 등을 통해서 우리는 인간의 뇌가 얼마나 유용하고 민감한지, 그리고 초기에 얼마나 놀라운 발달 단계를 거치는지 알 수 있습니다. 갓난아이는 태어나면서부터 자신의 어머니가 무엇을 원하는지 알고 있고, 자신의 욕구를 이해시키는 방법 역시 알고 있습니다. 그래서 어머니와 아이 사이의 상호 작용이 가능해집니다. 그러고 나서 그 상호 작용의 범위는 어머니가 느끼는 일정표에 따라 아버지, 가까운 친척 등으로 점점 확대됩니다. 아이가 보내는 신호를 어머니가 무시하면, 아이에게 영양 결핍만큼이나 심각한 문제를 불러일으킬 수 있습니다.

아이를 조건 없이 평생 동안 사랑할 수 있는 사람은 오직 어머니뿐입니다. 죄수들을 돌보고 있는 한 신부가 최근에 《르 피가로(Le

Figaro)》지에서 그러한 사실을 증명해 주었습니다. 한 죄수를 오랫동안 꾸준히 찾아 주는 유일한 사람은 바로 그 죄수의 어머니라고 합니다. 만일 몇몇 사건으로 아이가 어머니로부터 달아났다 하더라도, 어머니는 어떤 방식으로든 죽을 때까지 아이에게 집착한다고 합니다. 자식을 교도소에 보낸 한 어머니의 아주 아름다운 일화가 있습니다.

"1985년 10월의 어느 오후에 나는 몸이 너무 안 좋아서 직장에서 집으로 돌아와 의사를 불렀습니다. 나는 의사를 기다리고 있었죠. 오후 8시에서 9시 사이였을 겁니다. 초인종이 울렸습니다. 나는 아무런 의심 없이 문을 열어 주었습니다. 그런데 내 앞에는 그토록 기다리던, 너무도 사랑스러운 스물다섯 살의 내 딸이 손목에 수갑을 찬 채로 층계참에 서 있었어요. 두 명의 보안 기동대원이 나를 밀어내고 내 딸 아이 앞으로 문을 다시 닫아버렸습니다. ……바로 그날, 플뢰리의 교도소에 수감된 건 바로 나였습니다. 손목에 수갑이 채워진 것은 바로 나였습니다. 죽을 때까지 나는 절대로 그 모습을 내 머릿속에서, 내 가슴속에서 지우지 못할 거예요. 그날 내 생명은 사실상 멈추어버렸습니다. 모든 어머니는 자신의 자식이 경험하는 것을 너무도 강렬하게 똑같이 경험하지요."

어머니의 사랑이 얼마나 무조건적인지, 얼마나 깊고 생생한지, 그리고 얼마나 존중받을 가치가 있는지 잘 보여 주는 이야기입니다. 이른바 어머니의 절대 권력을 경계하기 위해서 어떤 거친 말도 서슴지 않던 심리학자들도 다음과 같은 사실은 인정했습니다. "예순다섯 살 된 남자가 감동적인 목소리로 자신의 연로한 어머니가 어딘가에 여전히 살아 있는 듯하다고 말하는 것을 종종 듣습니다. 너무 경이롭지 않습니까?" 크리스티안 올리비에의 말입니다.

여자들 역시 아이들이 결코 부모의 소유물이 아니라는 사실을 잘 알고 있습니다. 그리고 앞서 설명하였던 몇몇 상처받기 쉬운 어머니를 제외하고, 대부분의 여자들은 자신의 아이를 평생 동안 지배하려고 하지도 않습니다.

어머니들은 자신의 행동이 아이의 성격 형성에 결정적인 역할을 하리라는 것을 잘 알고 있습니다. 사실 어머니가 직장 생활을 계속하기를 원한다고 해서, 아이들을 지켜보고 격려해 주면서 느끼는 즐거움을 포기하고 싶어하는 것은 아닙니다. 자신에게 부과된 모든 책임을 떠맡기 위해서 어머니는 사회적인 지지를 받아야 합니다. 그리고 아이들을 돌보는 전문가들 역시 최상의 교육, 최상의 환경, 최상의 급여를 필요로 합니다. 우울증에 빠지거나 아이들의 교육에 있어 지나치게 강압적인 태도를 보이거나 자신의 욕구를 아이들에게 투사하는 어머니들도 몇몇 있습니다. 그녀들은 또한 지나치게 독점적인 방식으로 아이들을 즐거움의 대상으로 간주하기도 합니다. 하지만 이러한 문제가 있는 어머니들을 매정하게 비난하기보다는, 그녀들이 보다 조화로운 어머니로서의 정체성을 회복할 수 있도록 도와 주어야 합니다.

이 원고를 읽다가 내 친구 발레리 룸브로소(Valérie Lumbroso)가 이런 질문을 던졌습니다. "여자들이 임신을 하고 출산을 할 때까지 그에 대한 준비는 모든 병원에서 잘 이루어지고 있어. 그런데 그 후에 여자들을 돌봐 주는 병원은 전혀 없어. 처음 몇 달, 특히 모유 수유를 하는 경우라면 그 시기가 정말 힘들 텐데 말이야. 한 달 동안 육아 전문가들과 어머니들의 정기적인 단체 만남을 주선하는 것은 어떨까? 그 만남을 통해서 다른 초보 엄마들과 의견도 교환할 수 있고, 물질적·심리적인 관점에서 아기의 욕구를 채워 주는 방법도 배울 수 있을 텐데."

어머니의 역할에 대한 명예를 회복시키는 것이 중요한 문제라면, 아버지의 진정한 자리를 찾아 주는 것이 본질적인 문제라면, 어머니와 아이의 분리를 늦추는 것이 중요한 문제라면, 육아 방식의 선택 범위를 넓히는 것이 사회적 의무라면, 탁아소의 숫자를 늘리는 것이 꼭 필요한 일이라면, 어머니에 대한 도움을 반드시 강화해야 한다면, 학교의 문을 학부모에게 개방하는 것이 시급한 문제라면, 가족의 가치를 회복하는 것이 청소년 비행 문제의 최상의 예방책이라면, 그리고 이 모든 것이 사실이라면, 현대적이라는 우리 사회는 어머니가 자신의 아이를 밝게 키우는 데 도움이 될 수 있는 모든 방법을 야심차게 재건할 필요가 있습니다.

어머니에 대한 예찬을 주장하면서, 나는 교육자, 부모, 조부모, 심리학자, 소아과의사, 재판관 등, 우리 사회를 변화시킬 수 있는 모든 사람들에게 호소하고 싶습니다. 어머니의 역할에 대한 명예를 회복하는 것보다 더 유용하고 열광적인 사명은 없으니까요.

엄마, 세상에서 가장 축복받은 이름

1판 1쇄 인쇄 2003년 6월 5일
1판 1쇄 발행 2003년 6월 10일

지은이 에드비주 앙티에
옮긴이 강현주
펴낸이 김영곤
기획편집 김민아 박지홍
영업기획 김중현 안경찬 김진갑 박성인 박진모 장유진
관리 이인규 이도형 최양진 이연정
제작 이종률
펴낸곳 (주) 이끌리오 서울시 마포구 서교동 464-41 미진빌딩 2층 (121-841)
전화번호 02-322-9977   팩시밀리 02-336-2151
홈페이지 http://eclio.co.kr   E-mail eclio@eclio.co.kr
출판등록 2000년 4월 10일 제 16-1646호
값 9,000원
ISBN 89-88295-76-5 23860

Éloge des méres
by Edwige Antier
Copyright ⓒ Editions Robert Laffont, S.A., Paris, 2001

Korean Translation Copyright ⓒ 2003 by ECLIO Publishing Co.
Korean language Edition published by arrangement with Editions Robert Laffont. through
ISSUE BOOKS, Seoul.